科学传播导论

弗兰斯·范达姆　　　（Frans van Dam）
[荷] 利斯贝丝·德巴克（Liesbeth de Bakker）
安妮·M. 迪克斯特拉（Anne M. Dijkstra）　著
[英] 埃里克·A. 詹森　　（Eric A. Jensen）

郭振宇　译

清华大学出版社
北京

北京市版权局著作权合同登记号：01-2021-6332
Frans van Dam, Liesbeth de Bakker, Anne M. Dijkstra, Eric A. Jensen
SCIENCE COMMUNICATION: AN INTRODUCTION
ISBN: 9789811228353
Copyright © 2020 by World Scientific Publishing Co. Pte. Ltd.

All rights reserved. This book, or parts thereof, may not be reproduced in any form or by any means, electronic or mechanical, including photocopying, recording or any information storage and retrieval system now known or to be invented, without written permission from the Publisher Simplified Chinese translation arranged with World Scientific Publishing Co. Pte. Ltd., Singapore.

版权所有。未经出版人事先书面许可，对本出版物的任何部分不得以任何方式或途径复制传播，包括但不限于复印、录制、录音，或通过任何数据库、信息或可检索的系统。

内 容 简 介

本书简明易读，将实践、研究和理论结合起来，向读者介绍科学传播领域的相关知识和技能。本书阐述科学传播研究和实践的最新趋势，例如越来越重视向公众公开信息，以及通过科学和其他方法让公众参与进来。作者带来了广泛的专业知识，从科学哲学、研究方法和环境传播到健康传播和科学新闻。来自世界各地的案例说明了实践中科学传播的现实价值和意义。本书为科学传播和相关领域的学生及专业人士提供了广泛的、最新的科学传播的理论和现实价值。

本书封面贴有清华大学出版社防伪标签,无标签者不得销售。
版权所有,侵权必究。举报: 010-62782989, beiqinquan@tup.tsinghua.edu.cn。

图书在版编目(CIP)数据

科学传播导论 /(荷)弗兰斯・范达姆(Frans van Dam)等著;郭振宇译 . —北京:清华大学出版社,2022.8
ISBN 978-7-302-60106-7

Ⅰ.①科… Ⅱ.①弗…②郭… Ⅲ.①科学技术 – 传播学 – 研究 Ⅳ.① G206.2

中国版本图书馆 CIP 数据核字(2022)第 020938 号

责任编辑:赵佳霓
封面设计:刘　键
责任校对:时翠兰
责任印制:朱雨萌

出版发行:清华大学出版社
　　　　　网　　址:http://www.tup.com.cn,http://www.wqbook.com
　　　　　地　　址:北京清华大学学研大厦A座　　邮　　编:100084
　　　　　社 总 机:010-83470000　　邮　　购:010-62786544
　　　　　投稿与读者服务:010-62776969,c-service@tup.tsinghua.edu.cn
　　　　　质量反馈:010-62772015,zhiliang@tup.tsinghua.edu.cn
　　　　　课件下载:http://www.tup.com.cn,010-83470236
印 装 者:小森印刷霸州有限公司
经　　销:全国新华书店
开　　本:148mm×210mm　　印　　张:7.625　　字　　数:162千字
版　　次:2022年9月第1版　　　　　　　　　　　印　　次:2022年9月第1次印刷
印　　数:1~2000
定　　价:69.00元

产品编号:093575-01

译者序

与原著作者相识多年,有着很好的交流与合作。2020年他们的新作出版,幸得获赠并拜读。Frans、Liesbeth、Anne来自荷兰,Eric来自英国,多年来一直工作在科学普及和科学传播一线,均为本领域的知名学者,有着丰富的理论和实践经验。

在原著创作的过程中,得到三十余位行业专家的支持,同时也得到了众多科学传播组织和机构的帮助,书中的国际性案例和分析将科学传播理念融入不同文化情境中去理解和延展,为读者提供了全球背景下的多重视角和思考。

本书精彩纷呈、亮点颇多,能有效地帮助读者全面认识科学传播的方式和方法,了解世界各地区公众科学传播的特征与异同,非常适合科学传播领域的学生、研究人员和从业者阅读。鉴于此,特译出供国内同事品鉴。

我在翻译的过程中得到家人、亲友和同事的支持,获得张增一、金兼斌、朱效民等专家的斧正和推荐,全程得到赵佳霓编辑的帮助,特此表示感谢。

郭振宇

2022年8月

前言 | PREFACE

公众科学传播可追溯至16—18世纪科学发展的早期阶段。在世界不同国家和地区，都涌现出很多杰出的科学家，通过文章、书籍、演讲、表演等多种形式，激发大众对科学的兴趣，引导大众对科学事件和问题的深入思考。20世纪50年代以来，现代科学传播在全球范围内兴起，这种新形式的目的是尝试将科学融入大众文化之中。在现代科学传播兴起之初，科学传播者在一定程度上延续了前几个世纪的传播风格，希望通过自身的激情和努力，激发公众对科学的热情，但这种方式并未获得如期效果。

科学传播发轫以来，在快速变化、逐渐扩张的传播背景中不断发展和充实。同时，科学本身越来越受到政治、商业和机构利益的影响。科学知识也越来越多地应用于解决现代社会所面临的诸多挑战，如气候变化、生物多样性减少、环境污染、可持续能源、公共卫生和自然资源枯竭等问题，然而，解决这些问题只有科学知识是不够的，需配以相应的公共政策，而公共政策又需要社会大众的参与，并且社会大众能对周遭自然和社会环境中存在的问题做出知情决定。促进这种公民对话的任务超出了正规教育系统的范围，因此在现代知识社会中，通过各种媒体、采用不同策略进行科学传播已成为一项必不可少的活动，只有这样才能向社会不同层面和群体有效地传播科学。

所以,科学传播以往是由科学家、教师、记者等其他职业的人在业余进行的志愿性、经验性的工作,而现在已经演变为需要专门知识和技能的全职专业活动。科学传播领域的复杂性,需要从业者具备相应的专业、教育背景和专门知识。随着科学传播作为一项专业实践、学术研究和在学术培训领域不断发展、成熟,世界各地的研究机构和高校为科学传播者开设了越来越多的教育项目,从短期培训到博士项目,其范围之广,种类之多,不一而足,并且在入学和结业要求、课程体系、学习时限和资格证书等方面均有所不同。有些教育项目重点关注某些科学问题,有些则专门研究特定类型的传播媒介;有些侧重实践,有些则深耕科学传播的学术研究领域。

所有教育项目都需要全面而又有时效性的阅读材料作为支撑。本书——《科学传播导论》即是对这种需求的回应。本书在当代视角下全面概述了科学传播领域的演变及其理论基础和策略,这些都是科学传播从业者和学生必须掌握的。与此同时,本书还通过分析一系列真实案例将科学传播理论和实践结合起来,从而更增添了其现实价值和意义。

由于科学与社会的关系受到历史、生物地理、文化和社会政治等因素的影响,公众科学传播的历史发展和当今实践在不同国家存在差异。因此,本书提供了不同国家的案例和对相关问题的看法,特别是发展中国家的一些看法,从而增强其普遍参考意义。虽然本书主要植根欧洲文化,但也包含其他丰富的元素和参考资料,有助于读者和科学传播专业学生了解世界其他地区公众科学传播的特征和重点。

对有志于科学传播研究和实践的新手来讲,本书以循序渐进的方式呈现了该领域的全貌，揭示了科学同公众和社会发展关系的始末。每章都包含丰富的参考文献，展示了编辑和作者在该领域的专业知识，启发读者思考并帮助他们形成自己的结论，从而避免了"家长式做派"和过度分析，并提出了一些具有挑战性、开放性的问题供读者深入思考。

本书的审稿人来自不同国家，具有不同的社会文化背景，然而，本书所呈现的科学传播研究与实践的案例对不同文化具有普遍的参考意义。本书围绕关键理论问题，通过实例展示了科学传播针对不同利益攸关方表现出的社会和文化现象及公众对科学和技术的期望。

本书的面世将使科学传播专业学生、研究人员和实践者受益，并为科学政策制定者提供借鉴。

Elaine Reynoso-Haynes

Director of Training and Research in Public Communication of Science at the Dirección General de Divulgación de la Ciencia, Universidad Nacional Autónoma de México

Marina Joubert

Senior Science Communication Researcher and Lecturer at the Centre for Research on Evaluation, Science and Technology at Stellenbosch University, South Africa

Yin Lin

Associate Researcher and Deputy Director of the Division of Science Popularization Policy Research at the China Research Institute for Science Popularization

目录 CONTENTS

第1章 科学传播的背景

- 1.1 导言 ··· 001
- 1.2 科学传播：发展中的职业和研究领域 ············ 002
- 1.3 科学传播观念的转变 ························· 005
- 1.4 变化中的世界和全球化背景下的科学传播 ········ 008
  - 1.4.1 内容 ·································· 008
  - 1.4.2 公众 ·································· 009
  - 1.4.3 手段 ·································· 010
- 1.5 本书概览 ··································· 011

第2章 科学观

- 2.1 导言 ··· 014
- 2.2 常规科学观 ································· 015
- 2.3 新的科学观：偶然性因素 ····················· 018
- 2.4 新的科学观：结构性因素 ····················· 021
- 2.5 科学的语境化 ······························· 026
- 2.6 信誉和信任 ································· 029
- 2.7 科学系统的自我净化 ························· 031

2.8　社会融合型科学 ································· 034
2.9　结论 ······································· 037

第 3 章　科学传播的过程

3.1　导言 ······································· 039
3.2　传播过程模式 ····································· 039
3.3　科学传播过程的特点 ································ 042
　　3.3.1　行为者或利益攸关方 ······················· 042
　　3.3.2　目标多样性 ····························· 044
　　3.3.3　科技内容和背景 ··························· 046
3.4　制定传播策略 ····································· 047
3.5　科学传播过程中的理论运用 ························· 052
3.6　传播理论如何指导传播实践 ························· 055
3.7　结论 ······································· 059

第 4 章　对话中的科学

4.1　导言 ······································· 060
4.2　争议和复杂问题 ································· 061
4.3　在社会中重新构建科学 ····························· 064
4.4　重新构建科学 - 公众互动关系 ······················· 067
4.5　公共对话的实质 ································· 068
　　4.5.1　公众参与和对话的 3 个动机 ··············· 068
　　4.5.2　政策通报型对话和相互学习 ················· 069
　　4.5.3　相关公众 ····························· 073
　　4.5.4　决策空间 ····························· 074

		4.5.5 对话的条件	075
4.6	对话的实践		077
		4.6.1 对话的目标	078
		4.6.2 信息的交流	078
		4.6.3 主要参照系	079
		4.6.4 何人将受到影响	080
		4.6.5 对话的效果	081
		4.6.6 调解人的作用	081
4.7	结论		083

第5章 非正式科学教育

5.1	导言	084
5.2	正式和非正式科学教育	086
5.3	非正式教育的力量	091
5.4	非正式学习实践的指导理论	092
	5.4.1 相关学习理论	095
	5.4.2 与身份挂钩的动机	097
	5.4.3 社会包容和公平	099
5.5	非正式科学教育实例	101
5.6	结论	106

第6章 科学新闻

6.1	导言	108
6.2	科学新闻	109
6.3	科学新闻的形式	110

6.4 科学记者的角色 ································· 112
6.5 新闻标准与故事建构 ······························ 113
6.6 普通新闻与科学新闻的区别 ························· 116
6.7 变化中的媒体生态 ································ 120
6.8 科学新闻的发展趋势 ······························ 123
6.9 科学新闻：从传播者到受传者 ······················· 125
6.10 影响受众的新闻 ································· 127
6.11 受众 ·· 129
6.12 结论 ·· 130

第7章 风险传播

7.1 导言 ··· 131
7.2 风险是否是概率乘以影响 ·························· 133
  7.2.1 风险的专家视角 ···························· 134
  7.2.2 风险的外行视角 ···························· 135
  7.2.3 当外行对风险的评估高于专家评估时 ············ 139
  7.2.4 当外行对风险的评估低于专家评估时 ············ 142
7.3 决策者的风险视角 ································ 145
7.4 媒体和利益集团的作用 ···························· 146
7.5 回应过程 ······································· 149
7.6 指令式沟通还是回应式沟通 ························ 153
7.7 结论 ·· 158

第8章 健康传播

- 8.1 导言 ························ 159
- 8.2 健康的概念 ···················· 161
- 8.3 健康促进和疾病预防 ·············· 163
- 8.4 传播和健康政策 ················· 165
- 8.5 健康传播渠道 ··················· 166
- 8.6 健康传播干预措施的系统化制定 ······ 168
- 8.7 健康传播中的理论和模型 ··········· 171
  - 8.7.1 如何解释行为 ·············· 172
  - 8.7.2 如何影响行为 ·············· 174
- 8.8 健康传播的评估和有效性 ··········· 176
- 8.9 结论 ·························· 177

第9章 环境传播

- 9.1 导言 ························· 179
- 9.2 实际生活中的环境传播 ············ 182
  - 9.2.1 科学家 ·················· 183
  - 9.2.2 记者与媒体 ··············· 184
  - 9.2.3 非政府组织 ··············· 185
  - 9.2.4 自然与环境中心 ············ 185
  - 9.2.5 公共关系与市场营销专家 ······ 186
  - 9.2.6 政策制定者 ··············· 187
- 9.3 从环境传播的角度理解受众 ········· 188

9.4 干预措施激励环保行动 ·················· 190
　　9.4.1 制定法律、法规 ·················· 190
　　9.4.2 制定环境可持续性奖励政策 ·········· 191
　　9.4.3 举行公共传播活动 ················ 191
9.5 引导干预措施的模型 ···················· 193
9.6 根据理论依据制定方法 ·················· 195
9.7 应对巨大的环境挑战 ···················· 197
9.8 总结 ································ 199

第 10 章　科学传播研究

10.1 导言 ································ 200
10.2 研究过程 ···························· 202
10.3 方法论多元化和多学科跨学科合作 ········ 207
10.4 研究伦理 ···························· 209
　　10.4.1 如何处理伦理问题 ················ 209
　　10.4.2 知情同意书和自愿参与 ············ 210
　　10.4.3 匿名与保密 ···················· 210
　　10.4.4 赞助的透明度 ·················· 211
　　10.4.5 提高对伦理行为重要性的认识和关注 ··· 211
10.5 研究和实践的差异 ···················· 213
10.6 有待提出的研究问题 ·················· 216
10.7 结论：如何为彼此的利益而努力 ·········· 225

参考文献 ································ 226

第 1 章

科学传播的背景

1.1 导言

进入 21 世纪,科学传播扮演着越来越重要的角色,成为许多重大议题的关键与核心。科技作为人类发展的重要驱动力,深刻地影响着人类生存、生产和生活的方式,在应对气候变化、人工智能应用、生物医学发展等各个领域都发挥着至关重要的作用。此外,公民在参与科技发展相关的决策中发挥着重要作用,因为这些决策势必影响到所有人。科技的重要性进而引发了以下问题:应当如何理解科技的发展?如何将社会的需要和关切纳入科技发展过程?科学传播应当如何进行?科学传播的实践与研究可以帮助科技工作者和大众很好地理解并解决这些疑惑。

科学传播有许多不同的形式。向公众介绍科学知识是一项重要的工作。此外,公众还应当能够民主地参与科技话题讨论,因为科技会影响所有人的生活,这一点已成为共识。科学传播已经进行了很长时间,近年来变得愈加重要,然而,科学传播作为一个职业和研究领域的历史则相对较短。历史事件、社会变迁及其他领域的研究和实践都影响着科学传播的发展。本书旨在为读者提供一个相对容易的起点，以全面认识科学传播，并更好地理解既有的科学传播研究与实践。

本书综合了荷兰科学传播界的基础理论和实践，为荷兰的科学传播从业者和学生提供参考。考虑到科学传播已经成为全球性的实践和研究领域，本书有意拓宽其国际适用范围，以增强其指导意义。由南非、中国和墨西哥的优秀实践者组成的国际专家组为本书提供指导意见，拓展了本书的视野，因此，本书提出的观点不仅代表西方视角，而且体现了科学传播更为普遍的知识、原则、困难和方法，以帮助读者灵活理解不同文化语境和情境中的科学传播。本章将阐述科学传播的相关背景，为后续章节做铺垫，内容将包括在不断变化的世界背景下科学传播的重要概念、理念和发展。

1.2　科学传播：发展中的职业和研究领域

过去几十年，特别是20世纪80年代以来，在全球许多国家，科学传播作为一种职业和研究领域日益得到认可[1-2]。科学传播涉及科学、技术和社会应用场景，三者总是紧密相连。这一过程的参与者非常多元，包括科学家、决策者、活动家、普通民众和其他群体。科学传播过程是动态的、不断变化的，受到各种理论、科学观和传播目标的驱动。

科学传播这一概念使用广泛，但有多种定义。本书编辑根据英国国家公众参与协调中心[3]关于公众参与的讨论，对科学传播做出如下定义：

科学传播是通过多种方式将广义上的科学过程、结果和意义与受众分享或讨论的实践。科学传播涉及与受众的互动，目的是解释科技发展或讨论涉及科技层面的事物。

科学传播的方法多种多样，可以是传播导向的活动（如电视节目），也可以是互动导向的活动（如收集公众意见的对话活动）。在以传播为导向的活动中，主要涉及单向交流，而在以互动为导向的活动中，双向交流则是关键。科学传播的目标可能不同，也可能有所重叠，包括提高对科技的认识、分享科学研究的新发现，从而享受科技发展成果，还包括增加公众的科学知识、帮助公众形成与科技相关的观念和行为、影响人们参与科技决策的方式等。在最后一个目标中，"倾听"在争议性科技话题中显得至关重要[4]。

在所有的科学传播活动中，科学传播者都按照其各自目标扮演不同角色[5]。这些角色既适用于传播导向的方法，也适用于互动导向的方法，当然也适用于介于两者之间的任何方法。在报纸上发表评论文章的记者可能是为了影响舆论，开展科普活动的博物馆工作人员可能是为了帮助高中生理解科学原理，而在科学咖啡馆中热情洋溢地讲故事的科学家可能是为了增加公众的科学知识。这些人所做的工作都属于科学传播范畴。他们在传播过程中扮演着不同的角色，如媒介、教师、促进者、专家等，都是科学传播的实践者。除了科学传播专业人员，还有科学传播研究者，即研究科学传播的人，此类学者的目的一般是增进对科学传播过程的理解及最终效果。

科学传播研究受其他学科的影响极大，这意味着科学传播实践者和研究者都将贡献与其自身背景相关的丰富知识。传播方式和角色的多样性及从业人员不同的背景都使科学传播领域变得更加复杂，更具挑战，也更有趣。

科学传播领域受到多个较成熟学科的影响，尤其是传播学、科技社会研究、（科学）教育科学和自然科学[6]。以上 4 个领域中有 3 个受到社会学和心理学理论的滋养。为方便概述，新闻和媒体研究领域被视为传播学的一部分。

世界各地大学中现有科学传播课程经常将多个学科的知识与实践相结合，如图 1.1 所示。根据文献 [6] 的观点，自然科学和生命科学的知识在信息的"翻译"中起着重要作用。传播理论和传播技巧将理论和实践联系起来。对教学过程及方法的认识和把握也在一定程度上决定科学传播的成败，在非正式学习领域尤其如此。科技研究领域通过研究科学与社会的相互作用、为政策制定者提供建议并对科技的性质和作用进行反思来促进科学传播。文献 [6] 同时也认同其他知识领域也具有重要地位，如社会学、心理学及新闻和媒体研究等。

科学传播可在不同知识领域的框架下进行。例如，博物馆工作人员在进行科学传播时可借助教育领域的知识，医院的传播顾问在设计科学传播方案时可使用有关疾病的科学知识和传播学的知识。孕育科学传播的科学领域本身也受到科学传播发展的影响。例如，自然科学家日益认识到科技发展与社会发展间的紧密联系，在许多国家，科学传播技能已成为科学家能力的一部分[7]。科学、技术、社会和科技发展间的复杂关系涉及多个群体，这一点在过去的几十年中已被广为接受。

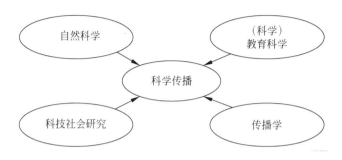

图 1.1　影响科学传播的学科[6]

1.3　科学传播观念的转变

早在 1825 年，也就是 19 世纪初，物理学家迈克尔·法拉第（Michael Faraday）（英国皇家学会会员）发起了一年一度的圣诞讲座，向普通听众介绍科学知识。该讲座一直延续至今，听众人数众多，以年轻人为主。圣诞讲座主要关注科技的积极面，然而，对科技的批评也日渐增加。如今在许多国家，公众经常讨论气候变化、生物技术和疫苗接种等科学议题。随着受教育水平和信息获取能力的提升，公众也经常质疑科技的影响。

特定事件在促进科学的公众参与方面发挥了巨大作用。例如，蕾切尔·卡逊在 1962 年出版的《寂静的春天》（*Silent Spring*）一书中批判了杀虫剂的使用。1968 年,一群忧心世界未来的科学家成立了罗马俱乐部,几年后,他们出版了《增长的极限》(*Limits to Growth*)一书。环保意识在世界某些地方开始觉醒。大约十年后的 1979 年,美国三里岛核电站的核泄漏事件使核能名誉扫地。

这些事件及其他类似事件让许多科学记者大开眼界。第二次世界大战后,科学记者经常充当"拉拉队"的角色,他们是科技发展积极而热情的解读者。20 世纪 60 年代,部分科学记者逐渐承担起更重要的角色,即"看门人"的角色。他们开始批判性地评论技术发展[8]。在媒体宣传下,公众开始对一些技术发展发出质疑的声音。例如,从 20 世纪 80 年代初开始,许多国家都发生了公民抗议核能的事件。

然而,批判性地审视科技发展并不是一个新事物。在 19 世纪初,人们就曾担心火车将带来的改变,而早在 1663 年,就有报道称,工人因为害怕纺织技术及对他们生活产生的影响而蓄意毁坏纺织机。

科学知识的传播将促使人们更加积极地看待科技应用,这一假设对某些问题和群体来讲是不准确的。研究表明,某些情况下公众在得到更多的信息后反而会变得更加挑剔。例如,在英国对转基因作物进行高调公开辩论期间,公众对转基因作物的反应就印证了这一点[9]。

在当代科学传播领域,许多人认为科学传播的目标不仅限于向人们传递信息,以此来提高公众科学素养。科学传播比单纯的事实陈述更为复杂[10]。同时,科技应当被置于更广泛的社会背景下来理解,因此,非科学因素在科学传播中起着重要作用。科学信息往往也有多种解读方式[4],气候变化知识就是一个例证。此外,科学传播往往不是由科学家自己进行的,受众也会根据其他因素形成自身的判断,例如对科学传播者的信任、既有知识、信仰和价值观[4]等。此外,专家和公众对科技带来的便捷和风险的看法往往也不尽相同。

20世纪90年代初,社会科学家主张在科学、技术和社会的关系方面进行更加开放的对话,并成功逐渐引起欧洲决策者和科学机构的兴趣。对话和参与被视为恢复对科技信任的新方法[10-12]。欧洲各国组织的公开辩论试图将这种公开对话付诸实践。例如,在20世纪90年代和20世纪初,荷兰至少组织了五次关于克隆(以克隆羊多莉为代表)、转基因食品和生物技术等话题的公开辩论,然而,科学与社会之间的对话并不总是按照提倡这种方法的社会科学家的意图进行。其中一些是提前设计好的讨论,由专家决定谈论什么、与谁讨论。反之,公民并不总是热衷这些对话活动,并且参与人数常常也难以达到预期[13]。

欧洲爆发对此类公共科学对话的热情以来,多措并举地开始明确考虑公众观点和价值观,并在很多国家的机构和政府政策中得到重视。在此背景下,许多国家及欧洲层面的政策文件和资助计划中的表述出现了相应变化,例如从"公众对科学的认识"转变为"公众参与",从"科学与社会"转变为"社会中的科学"[14],甚至转变为"促进科学发展的社会"[15]。在智能手机等新技术的助力下,公众现在也能够成为数据和知识的生产者,进一步扩大了公众科学(Citizen Science)等现有科学传播举措的规模。在这些举措中,大量科学外行参与研究过程或参与制定研究议程。

1.4 变化中的世界和全球化背景下的科学传播

科学传播总是在更广阔的社会文化语境下进行。当人们的交流、学习、成长和生活方式在区域或全球层面发生变化时,哪怕这些变化是微小的,也必然会影响科学传播,并将其塑造为一个实践和学术领域,因此,应当在更广阔的社会文化背景下理解科学传播[4]。本节概述了全球科学传播的重要变化和发展,首先涉及科学传播的内容,即科技信息和知识,其次涉及科学传播受众,最后涉及传播的手段和方法。

1.4.1 内容

过去几十年,科技发展日新月异,专业化和跨学科性日趋明显[16]。在某些领域,科学在短时间内演化为一项团队活动。学术文章的发表就是一个典型例子。在粒子物理学的学术发表中可能有上千甚至更多人参与[17]。在部分国家,科技研究的重点正逐渐从基础研究转向应用研究,推动知识的商业化利用,并强调研究对社会的意义,因此,新兴研究领域的伦理和社会维度也成为研究的对象。在某些情况下,除研究人员之外,还会要求其他拥有相应学科知识的合作伙伴加入研究项目。专业人员和实践者,例如护士和农民,都可以贡献他们的专业知识。常被视作外行的普罗大众也可以分享个人心得,例如,作为患者或业余地质学家的经验[18]。越来越多的科学传播活动让非专业人士得以作为平等伙伴参与科学研究[19]。

目前全球面临许多艰巨而复杂的问题，科技研究日益被视作解决这些问题的途径。气候变化是复杂的、具有深远影响的全球性挑战，与世界粮食供应、资源枯竭和生物多样性等问题有关。气候变化需要创新和可持续的解决方案，这就需要多方共同努力，如科学家、专业人士和普罗大众。这给科学传播提出了巨大的挑战：如何激励每个人做正确的事情；如何有效地将相关信息传递给每个人；如何更好地帮助人们获得所需的技能；如何与之交流互动。这可能需要更详细、更具体的传播方法。

风险也与科技密切相关。近几十年，风险问题愈加凸显，在有关转基因食品、通用移动通信系统（UMTS）辐射和气候变化的激烈辩论中常有涉及。根据社会学家Beck的观点，科学风险在当代社会运行中占据十分重要的位置[20]。他认为，世界正处于一个风险社会（Risk Society）阶段，风险在人们的日常生活中随处可见，例如技术发展导致的气候变化与核武器等。公众和机构比以往任何时候都更具有风险意识，并要求政府和工业界采取相应行动。科技工作者的信誉和专业知识对于评估和了解此类风险至关重要。

1.4.2 公众

全球经济活动的实质日益转向技术发展，从而提高了对教育和技术能力的要求，这是目前呈现出的一个非常重要的社会变化，也将对未来产生深远影响。全球受教育的比率有所提高。在西方国家，接受学术教育的人比以往任何时候都多，而在发展中国家，接受基础教育的人数也达到了空前的规模[21]。

在 21 世纪最发达经济体中，相比于传统实物产品，数字和其他虚拟商品及服务日益成为经济发展的支柱。这就对劳动者的受教育水平提出了更高要求。近年，大学毕业生的比例迅速增加[22]。在此背景下，成熟的知识体系成为经济发展的关键。帮助人们在离开学校后保持终身学习也很重要。此外，通过技术和网络可以随时随地获取信息，这使人们更容易理解专业领域话题并形成自己的见解，例如人们可以更容易进行自我诊断和以家庭为基础的医疗诊断，患者也可以对自身保健管理承担更多责任。

此外，在西方世界，公众的作用在科技政策方面日益得到认可。公民开始参与与科技相关的新事物的讨论。世界各地都以不同的方式出台了相应举措，使科技发展中的优先事项与社会的需求和价值观相符。例如，欧盟在制定负责任的研究和创新方法过程中，一直强调社会包容、适当的伦理考量、公众参与、开放获取和科学领域的其他良好实践。

1.4.3 手段

近几十年，互联网对科学传播产生了巨大影响，极大地增加了现有的信息体量。从网络视频网站上的科学节目到对开源期刊发表的日益重视，计算机和智能手机用户动动手指就可以轻而易举地获取科技信息。互联网加速了科技信息"民主化"进程，使其得以覆盖更广泛的受众，然而，由于信息的暴增，获取知识的重点已经从搜索（寻找信息）转移到筛选（区分信息好坏）。此外，互联网用户需要学习如何使用新技术解决信息过量问题。

此外，在Facebook、YouTube、Twitter、WhatsApp、Instagram等社交媒体的兴起和蓬勃发展的背景下，要求人们准备好迎接新的通信时代，即在线通信时代。这不仅为公众参与科学带来了新机遇，也带来了新挑战，如过滤泡沫（Filter Bubbles），即系统地向用户提供符合其固定观点的信息[23]。学习新的技能势在必行，例如学会辨别真新闻和假新闻。这种分析技能是网络时代所必需的生存技能。有些人甚至还努力成为在线信息的提供者。

1.5 本书概览

科学、技术和社会之间复杂的、不断变化的关系促使科学传播领域继续向前发展，从以传播为主转变为多种方式相结合，还包括更多的以互动为基础的活动，如关于纳米技术的公开讨论。此外，科学传播领域还受到全球新形势的影响，例如科技变得更加专业化并开始处理更复杂的问题、整体教育水平的提升、社会的民主化及互联网和社交媒体等新传播工具的出现等。科学传播活动的组织并没有标准方法可遵循。科学传播者必须因地制宜地针对所传播的信息和受众设计合适的传播方法。更深入地了解科学传播过程和效果，将帮助研究人员和从业者更有效地开展科学传播活动。由于科学-社会关系相当复杂，本书将涵盖多个话题，努力阐释科学传播实践、研究和理论。前 4 章介绍科学传播的领域，第 5～9 章介绍科学传播的分支学科。本书并没有穷尽所有分支学科，只是选取了一些科学传播实践的重要领域，如非正式科学教育、科学新闻、风险传播、健康传播和环境传播等。最后一章介绍科学传播的相关研究。

在第 1 章导言之后，第 2 章阐述科学传播的核心内容，即科学本身。第 2 章介绍不同的科学观，在此基础上反思科学是如何建构的，科学对社会、文化和经济环境的依赖，以及这些语境如何影响科学传播者所描绘的科学形象。作者在本章结束时提出了一系列发人深省的问题，以让读者深入思考本章的分析内容。

第 3 章和第 4 章的内容包括：科学传播领域的日益复杂性；与非专业人士一道进行科学传播的各种动机；随着需要解决的问题越来越多，科学传播需要的不同模式和战略；科学传播者新的社会责任；与社会不同部门建立联系的新方式。这两章涉及科学传播的主体和利益相关者，为认识如何进行科学传播提供了一个起点。

第 5 章介绍非正式科学教育领域，这一领域与科学传播密切相关，并常有交集。人们对科技相关信息、知识和技能的迫切需要增加了对非正规教育项目、活动和场地的需求。非正式教育是社会为公众提供的终身学习机会中的重要一环。

第 6 章阐述科学新闻领域的快速变化、面临的挑战及其对科学传播的启示。科学新闻领域受互联网及在线交流和社交媒体发展的影响最为显著。这些趋势将会影响科学记者的角色，并在一定程度上影响科学信息框架和传递方式。

第 7～9 章分别介绍目前科学传播的 3 个分支学科：风险传播、

健康传播和环境传播。尽管这三章涉及的内容不同,但有一个共性,即这些领域的许多传播活动旨在改变人们的态度或行为。这三章提出的传播策略往往是相互关联的,并为科学传播如何为人们提供必要的知识和工具提供了一个有效的分析工具。这三章对这些主题都有涉及,并特别强调个体层面的科学传播。

最后,第10章着重介绍科学传播的研究与评价,并提供了一个伪科学传播的案例。随着科学传播专业化程度的提高,研究数据在支持该领域最佳实践方面扮演着越来越重要的作用。同时,有效的评估方法应当作为科学传播创新过程中的一个基本要素。本章还将介绍学术研究对研究者和实践者的意义。

本书适合专业人士、学生和所有希望了解迅速发展的科学传播实践和理论的人。本书通过对科学传播领域的概述及其分支领域的深入探讨,带领读者领略这一丰富多彩的领域。

第 2 章

科学观

2.1 导言

科学无处不在。从人们口袋里的智能手机,到街角小店售卖的添加矿物质的酸奶饮料,再到长辈们每天服用的药物,没有科学的发展,这一切都是不可想象的。自17世纪启蒙运动,科学技术的惊人进步在许多方面改变了世界。科学仍然是社会发展的驱动力,是文化的重要组成部分。例如,农业、医学、心理学和技术在很大程度上需要依靠科学知识。政府政策也往往是在科学研究的基础上制定的。不仅如此,科学知识有时还会大幅改变人类的自我形象。人们越来越多地利用科学知识来解释日常生活中的问题,如压力、成功和恋爱。

我们如何看待科学与公众及科学传播之间的关系,最终取决于底层科学观。如果把科学看作中立而客观的,则我们会倾向于按照传播模型进行科学传播(参见第 1 章)。如果把科学看作一个受各种因素(如文化、政治、经济等)影响的社会过程,我们就会以另一种方式传播科学。多元科学观是客观存在的,科学传播者应该认识到这种多元性。过去几百年中的哲学思想为不同的科学观奠定了基础。对于任何想要系统地、负责任地传播科学的人来讲，具备基本的科学哲学知识是必不可少的。

本章将阐述西方的各种科学观点。首先，本章将讨论所谓的"常规科学观"（Common-sense View of Science）。常规科学观认为科学是中立且独立的。20世纪后半叶，此种观念在哲学界遭到摒弃。与此同时，科学被赋予了另一种形象，即将科学看作一种具有社会和价值负载的进程，会产生广泛的文化影响。这就引出了一个问题，即能否继续将科学视为一种可靠的实践。

在科学哲学中，为解决这个重要问题，至少有两种观念。第一种观念认为科学是一个可以实现自我净化的系统，其自身具备的特定反馈机制和规范能够保证科学的公信力。第二种观念则呼吁发展社会融合型的科学。这种观念强调对科学界以外的观点及科技应用的具体场景的关注。本章将对这些观念进行介绍，对其进行批判性审视，并将其与科学传播领域联系起来。

2.2 常规科学观

人们对科学的具体看法在很大程度上决定了其对科学传播的期望。许多人赞同所谓"常规科学观"：科学家利用推理和论据进行论证，准确地说，是利用逻辑演绎和事实经验（逻辑演绎是从一般性的前提出发，通过推导得出具体陈述或个别结论的过程，例如从"所有的天鹅都是白色的"得出"我将看到的天鹅一定是白色的"）。

在此种科学观中，规范和价值是无关紧要的，科学研究的结果不会受到外界的任何干扰。这就是为什么科学应该是自主的（政治和工业的发展不决定科学研究方向）、中立的（科学家不受宗教信仰、政治观点或经济利益的驱使）、独立的（道德判断和意识形态及其他观点和利益在科学研究的接受方面不起作用），并且不受社会价值的影响（科学家不以任何方式参与知识的应用），也不作规范（科学家不对科学知识的社会后果进行好坏评价）。科学方法保障了假说和理论的效度，使可靠的知识在社会不同领域得以应用[1]。

著名的科学哲学家阿尔弗雷德·J.艾耶（Alfred J. Ayer）、卡尔·古斯塔夫·亨佩尔（Carl Gustav Hempel）均认可这种常规科学观[2-4]。尽管他们在一些问题上存在分歧，但都认为科学是一种纯粹理性的事业，主要依赖逻辑论证和对经验证明。科学家通过观察获得客观事实，在此基础上发现定律和理论，这被称为归纳法（归纳法是由一个或多个具体陈述导出一般陈述的推理方法。例如，通过对有限数量的白天鹅的观察，得出所有天鹅都是白色的结论）。接下来，他们考察这些定律和理论是否能为新的观察结果所证实。这个过程叫作验证。这种哲学观点被称为实证主义，其可被视为对常规科学观的系统阐述。根据这种观点，科学论证的过程是没有矛盾的，逻辑论证中的每一步都以前一步为基础。之所以能够采取这些步骤进行论证，是因为客观事实证明其是合理的。在这个过程中，科学家要避免被自己的偏见和信仰所左右。在这种观点看来，科学阐述的始终是客观事实，规范和价值在其中不发挥任何作用。

卡尔·波普（Karl Popper）对这种所谓的实证主义科学观进

行了根本性的批判[4-6]。他认为，经验科学本质上不应该是归纳性的，而应该是假设演绎性（Hypothetico-deductive）的。波普被称为批判理性主义者。在他看来，在有限的信息基础上做出有效陈述是不可能的。相对于验证，波普提出的是证伪标准（Falsification Criterion）。假设演绎的意思是，科学家们不是通过观察产生理论，而是凭借其创造力，首先提出一个假设，然后根据这个假设做一些预测，最后通过观察来检验这些预测。波普认为，假设并不是通过验证进行检验的，而是要看该假设是否可以被否定，也即证伪。科学要能直面事实，因此，如果有人提出"所有乌鸦都是黑的"的假设，其他科学家就不必去寻找黑乌鸦（验证），而是应该去寻找一只白乌鸦（证伪）。根据波普的说法，如果在大量寻找之后没有发现白乌鸦，人们就可以暂时认为这个假设是正确的。

尽管艾耶和亨佩尔的实证主义与波普的批判理性主义间存在很多分歧，但是他们在很多重要观点上是一致的。例如，双方都坚信，建立在理性论证和观察基础上的科学理论，在不受外界影响的情况下总能够通向真理。常规科学观便是以这一信念为前提的，这既符合艾耶和亨佩尔的思想，也符合波普的思想。

科学论文的一般结构也反映了常规科学观，体现了科学作为纯理性事业的理念。论文作者以直截了当的方式呈现自身的研究，通过负责任的方法解决问题。科学论文的文体和语言进一步强化了这一点；文风简单明了，语言运用清晰准确，研究结果表述精确。论文采取合乎逻辑的步骤，只呈现与研究相关的数据，使用科学术语，避免文学语言。在论文写作中，科学家往往不用第一人称，最多使用"我们"。这样做可以将重点全部放在内容上,而不掺杂科学家的个人因素。用第三人称写作淡化了研究者的个人色彩,让人觉得无论是谁来做这个研究都没有任何区别。如果按照正确的方法去做,结果一定就是可靠的。

常规科学观会影响科学传播模式(参见第 1 章)。科学旨在揭示世界的真理,因此科学传播者以教育或宣传为目的,单方面将科学知识传递给被动的接受者,这似乎就是合乎逻辑的。科学与公众的关系在这里并不对等。公众并没有知识和权力,所以科学传播完全是从科学到公众的单向传递。从传播的角度来看,传播者面临的最大挑战是如何以最吸引人、最令人信服的形式将科学知识植入大众脑海中。

2.3 新的科学观:偶然性因素

在波普之后的数十年里,常规科学观遭受了各种质疑。2011 年的德里克·斯塔佩尔(Diederik Stapel)便制造了一起学术造假案例。荷兰社会心理学家德里克·斯塔佩尔杜撰了无数研究发现,进一步动摇了常规科学观的基础。随着学术界与私营企业合作的增加,人们开始质疑科学研究的独立性和公正性。此外,人们发现医学领域存在发表偏差(Publication Bias),这也是常规科学观遭受质疑的一个原因。各种研究表明,药物有效性研究的积极结果比消极结果更容易发表,因此,真实、可靠的科学研究理想受到了冲击。科学结果是否值得信赖，科学家究竟是追求真理还是只追求自己的利益？

在艾耶、亨佩尔和波普等科学哲学家之前，人们就已经认识到个别科学家会犯错。早在1942年，美国社会学家罗伯特·默顿（Robert Merton）就制定了防止此类事件发生的4个准则[7]：公有性（科学研究的结果必须公开）、普遍主义（科学结果的评估必须不受种族、性别、社会地位、国籍、宗教身份和其他被认为与科学过程无关的因素的影响）、无私立性（荣誉和个人利益不得对研究结果产生任何影响）和有组织的怀疑主义（对科学结果需要一种基本的批判态度）。事实上，默顿正是想通过承认"科学家的客观性"是无法保证的来维护"科学的客观性"，因此，科学家个人应受到密切监督，以确保整个科学的可靠性。通过制定这样的规范，默顿试图保持常规科学观的理想不变，并将科学欺诈和商业化的事件看作并不影响科学客观性的个案[8]。

然而，问题取决于在现实中这种情况是偶然性因素还是结构性因素。按照常规科学观，科学不受文化背景、社会关系、世界观、权威、经济利益等外部因素的影响，然而，过去几十年中，历史、哲学和社会学研究表明，这些因素在许多领先的科学研究中发挥了重要作用。

关于"弗洛里斯人"的争论（Homo Floresiensis）便是一个有名的例子[9-10]（参见方框2.1）。两组科学家根据相同的数据，试图验证完全不同的假说。他们的论点都是以科学研究的结果为基础的，但很明显，他们受到了科学家利益的影响。在这种情况下，这些利益涉及声望、地位及金钱等。对任何一种假说的接受似乎也取决于这些因素。还有一个问题，名誉等外部因素是只在研究数据较少的案例中发挥作用,还是如一些人所认为的那样总是影响科学知识的接受情况?换句话说,科学与外界影响的相互作用是偶然性的还是结构性的?接下来的问题是:是否有必要消除这些外部因素,无论是偶然的还是结构性的?

> **方框2.1 弗洛里斯人:科学观之争**
>
> 弗洛里斯人是一种生活在14000年到95000年前的体型较小的原始人,其遗骸于2003年被发现,继而引起了一场大规模的论战。关于弗洛里斯人的研究结果发表在《自然》杂志上。研究小组的负责人之一彼得·布朗(Peter Brown)声称,这是一个新的原始人种,属于直立人的后裔,体型小是所谓岛屿效应的结果。此外,弗洛里斯人可能从智人那里继承了石器的使用,然而,印度尼西亚人类学家特乌库·雅各布(Teuku Jacob)提出了另一个假说,认为这是一个智人的头骨,头骨由于疾病而变形,所以很小。两种观点都无法回答这个关键问题:化石呈现的是弗洛里斯人的一般性特征,还是属于一个已知物种中畸变的特例?从科学哲学的角度来讲,我们可以看一看在这场讨论中有哪些论点起了作用,问题是如何解决的。换句话说,古生物学家们得出结论所依据的数据是什么,有哪些因素使其中一种观点占了上风?
>
> 雅各布声称,所谓的新人类物种实际上是一个侏儒,由于"小头畸形病",导致头骨极小。雅各布多年来在印度尼西亚的弗洛里斯岛进行考古研究,一直在挖掘和分析距今1万年的地层,却不知道再往下挖掘几层就能发现一个考古"金矿"。这会不会让

> 他感到难以接受？是不是他反对弗洛里斯人研究的原因？2006年，雅各布和其他一些科学家在《美国科学院院报》（PNAS）上发表了一篇文章，他们在文章中声称，所谓的弗洛里斯人根本不是一个新的原始人种，而是一个畸形的智人。雅各布对数据的解释是否受到自身利益的影响？他是不是无法接受自己错过了这个近在咫尺的科研目标？
>
> 当然，彼得·布朗和澳大利亚团队的其他研究人员希望他们所做的研究确实能够证明发现了一个新的原始人物种，因为这将让他们名垂青史。这就是为什么他们谈到与自己结论相矛盾的"少数怀疑论者"，从而暗示大多数科学家已对他们的假设达成了共识，并驳斥了雅各布等的观点。他们确实为反击提出了论据，但这些论据并不完全令人信服。

2.4 新的科学观：结构性因素

继艾耶、亨佩尔和波普之后，托马斯·库恩（Thomas Kuhn）、哈里·柯林斯（Harry Collins）和布鲁诺·拉图尔（Bruno Latour）等哲学家对科学现象进行了反思。某些规范、价值和其他外部影响是科学的重要组成部分。按照他们的说法，常规科学观需要加以纠正。根据库恩、柯林斯和拉图尔的观点，除了逻辑和经验检验的内在因素外，以下外部因素对科学知识的接受也发挥着作用。

在《科学革命的结构》(*The Structure of Scientific Revolutions*)[11]一书中，库恩梳理了物理学的历史。波普在常规科学观的框架下，从实证主义和批判理性主义的角度规定了科学应该如何进行，而库恩则以描述性的方式对科学进行讨论。这种转变通常被称为科学哲学的历史转向。库恩认为，科学的发展不是一个知识逐渐增长的线性过程，而是以革命性的剧变为特征的。库恩讨论了两个剧变：第一，从中世纪亚里士多德的自然哲学转向伽利略和牛顿的机械自然科学的剧变；第二，从机械自然科学到爱因斯坦相对论的量子物理学的转变。

"范式"（Paradigm）是库恩思想的核心概念。他将范式定义为一种特定科学方法的综合：方法、技术、技能、价值观、信念及科学团体内达成共识的假设。例如，以伽利略和牛顿的理论为基础的自然科学就形成了一种范式。库恩也用所谓的范例（模型解决方案）描述了"范式"概念的含义。将这些范例作为良好科学实践的标准代表，作为模型来回答在一个范式中可能出现的各种问题。

在科技革命时期，既有的范式不能解决的问题越积越多。牛顿和爱因斯坦这样的天才创立了新的范式，但是，人们如何决定新范式中的理论是否优于旧范式中的理论呢？库恩认为，历史研究表明，两种范式之间的选择并不完全受制于逻辑和经验数据的验证和证伪过程。主观因素也在科学中发挥作用。库恩试图通过一些例子来讲明，科学家个人的不同选择取决于他们自身的个人和专业背景。根据库恩的观点，社会和心理因素也是决定科学理论最终是被接受还是被拒绝的因素之一。这些因素在常规科学观中被称为外在因素，也属于一种范式。

库恩关于科学知识接受的结论涉及对科学和外部因素的思考。他认为,科学知识受到这些因素的影响并不是偶然的,而是在结构上有必然性。继库恩之后,其他科学哲学家建构了一种新的包涵文化、社会结构、世界观、权威和经济利益的科学观。那种认为科学和价值观是彼此分立的观点似乎一去不复返了。方框2.2深入剖析了科学与价值观之间的关系。

认为科学与价值观之间存在相互影响,这种科学观有两位代表人物,即哈里·柯林斯和布鲁诺·拉图尔。柯林斯[12]在一些案例研究中表明,当科学家进行激烈争论的时候,即使做实验也不能解决分歧。由于科学家从不同的角度看待研究结果,不同的价值观在其中起着决定性的作用,因此没有什么独立的标准可以用来评估一个争议问题的结果。因而,寄希望于通过一个关键性实验一劳永逸地对一个争议性问题盖棺定论是几乎不可能的。

这就是为什么在关于实验结果效度的辩论中,相关学者需要对实验人员的能力做出判断,然而,在这个问题上也无法达成一致,因为通常谁有资格成为专家,谁没有资格成为专家,并无一个明确的答案。关于弗洛里斯人的讨论(参见方框2.1)就是由于缺乏明确证据而陷入僵局的一个例子。柯林斯认为,只有把权威科学家的声明或科学家的学术利益等社会因素考虑在内,才能解决这种争论。常规科学观中所谓的外部影响,在这种新的观点中变成了影响科学研究实践的内在因素。

> **方框2.2 科学与价值观**
>
> 关于"科学与价值观",至少有两种重要的区分方法。第1个是认知因素和非认知因素之间的区分[13]。它指的是科学所涉及的价值类型。认知因素被认为是科学的核心,在科学知识的发展中发挥正当的作用。库恩提到了以下认知因素:准确性、一致性、广度、简单性、丰富性[14]。因此,根据库恩的观点,如果两个相互竞争的理论都涵盖了事实,并且在准确性以外的其他4个认知因素上得分相似,则相对准确的那个理论就会占据上风。究竟哪些认知因素在科学中发挥作用,这个问题仍有争论——例如,是否应该将"解释力"添加到库恩提到的第1个认知因素中[15]?然而,科学哲学家们一致认为,认知因素的确属于科学范畴。
>
> 还有一个争议更大的问题,即科学研究中是否也涉及非认知因素。非认知因素观包括基于个人世界观或(经济)利益的个人价值观,以及文化、道德、经济和政治价值观。关于非认知因素,人们提出了各种主张。一些科学哲学家认为,应该尽力避免科学中存在这些因素[13],而这种观点的反对者则认为,科学研究中不可能消除非认知因素,无论是在实践上还是在原则上[16]。
>
> 为了说明认知因素和非认知因素的在科学中发挥的作用及其正当性,海伦·朗基诺(Helen Longino)引入了另一种区分方法,即"构成性因素"和"语境因素"之间的区分[17]。构成性因素与科学的目的有关,是科学活动的必要条件。朗基诺将这些因素称为构成性因素,认为它们是决定科学实践或科学方法是否可接受

的原则。语境因素属于科学活动的社会和文化环境。它们可以推动科学的实践,但不是进行科学的必要条件。例如,构成性因素决定了以何种方式开发和测试新药,而语境因素则在回答应该开发哪种药物的问题上发挥决定性作用,这可能取决于对某种药物的需求和生产这种药物的预期效益。

根据朗基诺的观点,语境因素不仅在经验上影响科学理论。科学实践和内容甚至也需要与语境因素进行交互[17],然而,后者并不意味着科学充满无可救药的主观性。由于主体间批判的可能性,科学仍然具有某种客观性的特征[17]。

拉图尔则更进一步[18-19]。他在其著作中谈到了科学哲学的经验主义转向。作为一名人类学家,拉图尔在实验室里对科学家进行参与式研究。其结果是,在他看来,科学知识发生在一个力场里,是一场杂乱的斗争。在这场斗争中,一切努力都围绕着说服其他人而展开。对拉图尔来讲,其他人不再仅仅有科学家,还有政治家、经济学家、宗教领袖和公民。这种力场显示了科学、技术和社会的相互联系。所获得的知识依赖于力场中的各种因素,包括传统上被视为科学组成部分的因素(如科学家、理论、设备、数据、测量仪器、研究助理和维修工程师)及非科学因素(如文化决定的等级制度、政治派系和经济条件)。在这个力场中,科学家试图建立所谓的真知,即消除了所有阻力后被普遍接受的知识。要赢得这场权力的角逐,科学家们需要通过谈判和妥协说服其他科学家,并在政治和经济上获得支持,以获取盟友。

库恩、柯林斯和拉图尔都是用知识传播的对话模式来表达他们的思想(参见第4章)。如果所有的知识都是暂时性的,是社会和政治过程的结果,则主观判断将永远占据一席之地。科学家并不是唯一可以做出判断的人。整个社会也应该能够表达自己在科学过程中所作的选择,以及做出某个判断的价值观基础和假设条件。在对话模式中,科学家、政治家、记者、其他社会参与者和公众共同进行对话,以获得新的见解、做出新的定义、达成解决方案。在这一进程中,各方开诚布公地交流至关重要。

2.5 科学的语境化

库恩、柯林斯和拉图尔分析了外部因素如何影响科学知识的生产过程。自20世纪90年代以来,各种社会学家和科学哲学家试图绘制科学研究中的相互作用图谱。在20世纪许多学者笔下,科学、政治和社会领域不再是彼此独立的孤岛,而是日益紧密地交织在一起。

当然,我们要问,历史转向是否真的发生了,或者科学与社会之间的边界是否真的存在过。显然,现在还是有很多人认为科学是探索真理的客观事业,然而科学与现实社会之间的边界并不是那么清晰且明确的,这也表现在研究方案的制定中。现在的研究方案比以往更强调研究的战略目标、相关知识的生产、与产业界加大合作等方面。社会组织对科学研究方向的影响力与日俱增,也体现了这一趋势。2000年以来，几位研究者用"模式2科学"（Mode-2 Science）、"三螺旋"（Triple Helix）、"后常规科学"（Postnormal Science）和"后学院科学"（Postacademic Science）等概念描述了科学体系的这种转变。

其中，"模式2科学"可能是最著名且全面的一个概念。"模式2科学"由社会学家诺沃特尼（Nowotny）、斯科特（Scott）和吉本斯（Gibbons）[20]提出，其核心思想是，科学的发展是在实际应用的"语境"下发生的。特别是在信息技术和纳米技术等新的、即将出现的技术方面，科学家经常与企业和社会组织等其他参与者进行合作。这种合作导致各种科学和非科学学科之间的动态互动。传统上将科学研究视作由许多独立的专业学科构成的综合体系，而这一综合体系也不受社会外部因素的影响。根据模式2的假说，科学的这种传统形象将逐渐让位于另一种新模式，在这种新的模式中，科学家、专业人员和各种社会组织和产业界等社会利益相关者都参与科学实践，这被称为科学的语境化。

科学的语境化与经济化是密切相关的。经济思维正日益渗透科学世界：对教育的评价越来越多地取决于其利益回报。商业计划侵入学术领域，科学成果被视为消费品，研究机构像企业一样运作。在这些趋势下，科学研究在方向和形态上也变得更加多元化[21]。例如，科学机构的议程在很大程度上受到国际期刊发表数量和影响因子的影响。科学家聘用、晋升和在终身职位授予中会用到这些成果。日益激烈的国际竞争使科学家们更倾向于研究新的问题，而不是复制彼此的实验。此外，专利成果的注册限制了崇尚知识自由分享的默顿主义者。专利确实可以促进知识共享，但同时也制造了垄断。时效压力和出版压力使科学家们难以心无旁骛地检查彼此的成果。科学的经济化也促使科学与产业界进行深入合作。虽然产业界和高校在20世纪的大部分时间中都是独立发展自身的实践和方法，但目前科研经费的筹集却日益依赖公私合作。这些变化有时会导致科学方面的利益冲突，方框2.3举例说明了这一点。总体而言，科学是在与社会环境的互动中发展的。不同的利益相关者已经对这种当代科学形象有了更多的意识和了解。

> **方框2.3　对科学感兴趣的问题**
>
> 科学与产业界之间的界限往往是模糊不清的，很容易导致利益冲突。医学上的出版偏差就是一个例子。关于药物作用得出正面结果的研究比得出负面结果的研究更容易发表。利益冲突的另一个例子是"贩卖疾病"（Disease Mongering）。贩卖疾病本质上属于过度用药，即夸大某种可治愈疾病的范围，以扩大药品和医疗救助服务的市场。制药公司、医生和个别患者形成联盟，利用媒体来强调某些疾病和危险因素，导致社会对相关问题严重性的认识产生偏差。
>
> 贩卖疾病往往是将那些不危及生命的生理现象也作为疾病来宣传。澳大利亚默克制药公司推出的毛发生长剂非那雄胺（Propecia）就是一个典型的例子。该药物广告暗示男性秃顶会导致严重的情感创伤，获得了大量媒体关注。根据国际毛发研究所（International Hair Study Institute）的一项最新研究结果，三分之

一的男性患有某种形式的脱发,从长远来看,这种脱发会影响工作安全和生活幸福。后来人们发现,默克公司是这个研究所成立的幕后推手。这个例子说明可以如何通过蓄意贩卖疾病实现经济利益。

然而,贩卖疾病也可能在不知情的情况下发生。企业、医生和患者团体采取某种行动来改善人类健康,可能是出于好心,但无形中鼓励了过度用药,对健康产生不利影响。骨质疏松症就是一个例子。虽然减少骨量丢失似乎可以降低骨折风险,但许多人骨折的风险其实很低,因此,有必要确定是否要进行骨质疏松症预防性治疗。另外,还可以采取一些非医疗性的措施,如增加维生素摄入和加大运动量。尽管如此,卫生部门还是鼓励绝经期的妇女主动去医院接受骨质疏松症检查,或在家中进行自我检查。预防性治疗允许将现有的危险因素概念化为一种疾病,因此,这些因素也被纳入了药物的覆盖范围。确切地说,利益冲突机制也可能在不知情的情况下发生,这加大了科学系统保护自身免受利益相关方影响的难度。

2.6 信誉和信任

科学语境化的趋势是否伤害了科学的公信力? 20世纪90年代,科学界的信誉危机成为一个热门议题。核能、生物技术等新兴技术引起了社会争议,并带来了科学与公众之间的直接对抗。在荷兰和英国等国家，引发了一场关于科学合法性的讨论[22-23]。

目前有关科学公信力的研究，结果不尽相同。美国及德国和荷兰等个别欧盟国家所做的调查得出了相似的结果[24-25]。总体上，公众对科学的信任度较高，至少高于对政府、产业界和媒体等其他社会机构的信任。科学形象中仍然包含中立性、独立性等特征，然而，在一些有争议的科技应用中，如疫苗接种、气候变化和生物技术，公众的信任程度则参差不齐。随着这些领域的科技不断向前发展，人们也开始担心其会给人类、动物和环境带来风险，并引发了更广泛的道德问题。特别是当科学目标与政府和产业利益交织在一起的时候，公众对科学的信任度往往就会降低。此外，公民似乎对科学家个人持更加怀疑的态度，例如，质疑科学家是否诚实可靠、质疑科学研究的组织方式等。

同时，随着科学和社会之间的关系不断变化，科学家可靠、中立而独立的形象也受到了动摇。公众对科学的复杂态度使当代科学家的公信力成为一大争议。后真相、假新闻等术语在媒体中日益盛行，使研究科学现象的学者重新审视科学与社会的关系。一般而言，重拾科学的公信力有两种路径。部分科学哲学家仍然认为当代科学是一个可实现自我净化的系统，能够充分保护自身免受外力的不利影响。其他哲学家则认为这只是个幻想。他们认为，社会和科学的发展相互交织，在这种背景下，需要构建新的质量控制系统和新形式的科学，即"社会融合型"科学。

2.7 科学系统的自我净化

弗洛里斯人的例子可以用来讲明科学的自我净化功能。关于如何解释印度尼西亚弗洛里斯岛上的这一惊人发现，有两方进行了激烈辩论。一方声称，这一发现意味着存在新的原始人种，而另一方则声称，发现的化石其实是一个畸形智人的遗骸。很多人认为，两方的分歧主要源于能力、地位和荣誉等方面的争执。在关于弗洛里斯人的讨论中，这些社会因素真的会发挥决定性作用吗？情况似乎并非如此。方框 2.4 显示，随着时间的流逝，各种反馈渠道提供的信息逐渐指向了一个明确的答案。在本例中，通过进一步科学分析，为新人种论提供了更多证据支持。证据的不断汇集，加上各种反馈机制，共同形成了所谓的知识过滤器，如图 2.1 所示。亨利·保厄（Henri H. Bauer）[26] 构建的这个过滤器的核心思想是，科学知识的发展可以看作一个演化的过程。和自然界一样，科学也存在繁衍（可以精心复制前人的科学结果）、变异（类似的问题有不同的研究方法和解决方案）和选择（随着时间的推移，好的理论保留下来，而不太好的理论则被淘汰）等问题。知识过滤器中的"最佳理论"一词指的是科学界普遍认同的理论。只有最终权威专家一致认同的知识才可以说是得到了（暂时性的）接受。

> **方框 2.4　再看弗洛里斯人**
>
> 2007 年，《科学》杂志发表了一项研究成果，其中一个结论是，遗骸的腕部骨骼与尼安德特人的腕部骨骼显著不同，而与类

> 人猿和早期类人物种的腕骨表现出很强的相似性。通过分析腕部骨骼及发现的唯一一个头骨（此前对该头骨的解释在科学界引起了很大争议），削弱了畸形智人的假说。其他补充性证据发表在《人类进化期刊》（*The Journal of Human Evolution*）（2009）上。头骨 CT 扫描显示，弗洛里斯人的大脑与因"小头畸形"而变形的智人大脑并不相似。2009 年晚些时候，在同一期刊的特刊中发表了一项研究结果。该研究通过分析头骨的厚度、颧骨的高度和腓骨的形状，表明弗洛里斯人属于原始人，并且其骨骼具有各种原始特征，包括下巴的形状、短小腿和偏离的腕骨等，而生活在大约 40 万年到 200 万年前的直立人身上甚至都没有发现这些特征。
>
> 因此，通过对新证据的深入分析，更加支撑了新原始人种论。科学家们沿着完全不同的路径，使用不同的方法来寻求解决同一个问题，得出相互验证的结论。这样，科学研究结果的可靠性就得到了提高。

根据保厄[26]的观点，要就科学问题达成一致，需要在各种所谓的反馈机制的基础上汇聚多种证据。这种机制将科学与艺术、宗教和政治等其他领域得以区分开。通过双盲实验、同行评议、重复实验（再现和复制）、统计检验，以及与其他学科的结论相互验证，科学中的理性共识是可能实现的。这些反馈机制的应用，可以对结果进行严格的测试、校正、补充和加强。

第2章 科学观

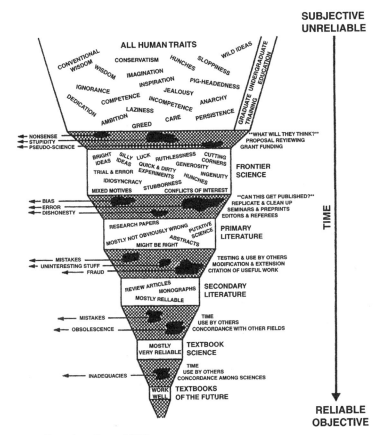

Source: Based on Bauer (1992).

图 2.1 知识过滤器

为加强科学的自我净化能力，实施保障科学诚信的有关措施，世界各国的研究机构制定了学术诚信准则。许多行为守则中也明确体现了相关原则。这些守则的制定往往借鉴了默顿精神的原则，由国家或国际研究协会发布，例如全欧科学院（ALLEA）[27] 2017年在其发布的守则中，全欧科学院制定了学术诚信的4个核心原则（诚实、问责、公平和良好的管理）。《学术研究良好实践准则》就是根据这些原则制定的，目的是防止学术研究中出现不当行为。学术诚信之所以受到重视，不仅是为了提高科学的质量，也是为了增进公众对科学的信任。

2.8 社会融合型科学

认为科学可以拯救或净化自己的想法是许多人所津津乐道的，但它有没有可能只是一种幻想？反馈机制生效的一个前提是相关研究人员彼此之间相互独立。打个比方，如果开发和测试药物的研究人员都来自同一家制药公司，反馈机制就有可能退化为掩盖个人和集体利益的作秀程序。此外，科学家是否能够达到反馈机制和行为准则的严苛要求？不妨多想想那些草率的科学结论。科学家也是人，有时会被自己的兴趣、需求、忧虑，或他人的兴趣、需求、忧虑所诱导。

此外，知识过滤器告诉我们系统自我净化需要时间。可靠的结果往往只存在科学共识中或教科书里，而不属于有争议的问题或前沿科学[17, 26]，然而，在当前的媒体社会，信息的传播速度如此之快，在公布结果之前，根本无法进行长时间的批判性反思。科学新闻每周、每天、每小时都在电视、广播和互联网上播出。媒体常常凑合报道前沿科学中的临时性成果，而这些成果可能本身就是昙花一现（参见第 6 章）。

丰托维茨（Functowicz）和拉韦茨（Ravetz）[28]告诉我们为什么科学的自我净化机制需要如此长的时间。他们认为，在解决诸如气候变化这样的复杂问题时，传统的科学研究方法已经不够用了。问题太过复杂，以至于研究人员不清楚哪些事实有助于问题的解决。同时，由于相关问题关系重大，要通过耗时的反馈机制来达成共识对科学家来讲是等不起的，因此，针对这些复杂问题，丰托维茨和拉韦茨提出了所谓的后常规科学（Postnormal Science）。这种科学观念与库恩关于常规科学的观点形成对比，在库恩所讲的情况中存在无可争议的普遍共识。后常规科学不仅质疑事实和方法，而且质疑起点和价值，并将科学决策的参与范围扩大，将"非科学行为方"也引入科学问题的决策过程中。

在现实中，这意味着科学咨询机构应该促进更广泛利益攸关方间的民主讨论。经验性知识、地方性知识或外行知识是对科学过程的有益补充，承认这一点有助于这些做法在社会中扎根。科学和社会"专家"之间的沟通有望使科学对社会发展做出更稳定的贡献。传统的反馈机制，如同行评议制度也应辅之以其他评估方法，涉及所有利益攸关方的观点，因此，科学讨论应该向外延伸，扩大到整个社区[28]。同行评议需要在以下 3 方面进行拓展。首先，应在实验室之外测试新知识的必要性。其次，测试必须在专家组的积极参与下进行，并且专家组应包括最终用户和外行。最后，必须将各方的贡献视为一个永久性参与的过程[29]。这样，科学就能实现与社会融合发展。

社会融合型科学旨在将科研进程向各种社会群体（包括弱势群体）开放，以听取他们的愿望和诉求。此外，科学民主化带来了非科学行为者的实践知识，从而有助于解决一些社会问题（参见第4章），然而，我们还是应该提出一些关键问题：科学语境化是否必然导致科学独立性和客观性的丧失？这种科学观念是否模糊了科学与政治的边界？当然，由于知识方面的不平等，可能会出现这样一种风险，即做出某项决定是基于政治影响和花言巧语，而不是通过对事实的仔细权衡。那么，谁将最终从科学语境化中获益呢？这样是否无意中放任了科学经济化的负面影响？科学与社会的进一步融合会带来民主还是走向民主的反面——社会经济因素的霸权，而公私伙伴关系、社会问题咨询机构和"创业型大学"可能只是这种霸权的前奏？

为实现社会融合型科学所做的努力，无疑使科学得到了更多的公众监督，但讨论的焦点往往还只是停留在伦理和社会层面上，没有实际改变研究本身。负责任的研究与创新（RRI）框架旨在改变这一点。它是科学治理的一个新框架，旨在融合伦理反思、公众参与和回应性变革[30]。RRI希望通过构建平台和机制，使社会各方能够自始至终积极参与研究进程。欧洲联盟委员会在其2014—2020年研究资助政策中采用了这种具有包容性和反思性的科学研究方法。过去几十年中，为支持科学与社会的互动、促进科学与社会融合发展了很多理论和方法，为RRI的建立奠定了基础。这些方法有一个共同点，就是希望将科学转变为一个更加开放的系统，积极寻找并保持科学与社会及社会需求、价值和关注点之间的联系。

2.9 结论

科学观正在转变。对可靠科学的要求也在不断变化。科学知识的生产和接受是科学证据、逻辑推理、研究论证等内部因素和外部因素共同作用的结果。外部因素包括文化、政治、经济和财政等方面，因此，科学不是孤立的，而是与技术、经济、政治和社会紧密交织在一起，共同向前发展的。固有观念认为，科学是一个自我净化的系统，能够产生值得信赖的、有效的知识，但社会化、商业化限制了其自我净化的能力，因此，在讨论科学知识的生产和接受时，只有同时考虑内部和外部因素，才能建立公众对科学的信任。

因此，自20世纪90年代以来，越来越多的人呼吁公众参与科学问题和研究方向的决策进程。这种背景下，生物医学研究、可持续性研究和新兴技术等各领域中的参与实验数量激增。这些实验的共同目标是使科学知识的生产具有社会性，意味着让更多的非科学利益攸关方参与进来，并将其他体系的知识、规范和价值观纳入关于科学的讨论中。在知识的生产过程中，应该关注知识可能产生的影响。在科学研究前期，在仍可变更研究方向的时候，就应该促进不同利益攸关方的参与，这才是一种理想的做法。

鼓励社会参与科学研究过程，也需要注意科学传播在其中发挥的作用。科学工作者和社会上的利益攸关方思想观念各不相同，从不同的角度看待现实问题，用不同的语言来表达他们认为重要的东西。此外，各方可能具有不同的价值观、兴趣和科学观。科学观在一定程度上决定了科学传播的方式。在常规科学观的框架下，科学传播往往是单向的。社会融合型的科学观则带来了一种新型的传播方法,例如对话形式,因此,要在科学与社会之间实现富有成效的对话,就需要以专业水准对传播活动进行设计和实施,这是未来科学传播者的重要工作。

第 3 章

科学传播的过程

3.1 导言

在当代科学传播实践中,发生了一些重大变化。今天,科学传播在科技的动态发展环境中进行,不再只是为大众普及科学知识。在这种环境中,不同利益攸关方试图通过传播和交流实现各自的目标。

本章从科学传播实践者的角度出发考察科学传播过程。科学传播实践者可以借助传播模式来理解科学传播过程。多年来,传播学领域提出了许多传播模式,有些是基础性的,有些则更为复杂。不同模式侧重传播过程的不同方面,因此可能都具有参考意义。

3.2 节先详细地讨论两种传播模式,接着 3.3 节描述科学传播过程的重要特征,3.4 节据此探讨如何制定科学传播策略。在本章最后,我们提出一个问题,即传播理论在多大程度上能够帮助构建这些策略。文中列举了一些实例来讲明传播理论的价值。

3.2 传播过程模式

传播模式有助于理解科学传播过程的本质。许多基础性传播模式关注的是单边传播,例如拉斯韦尔(Laswell)1948 年的经典模式,如图 3.1 所示[1]。

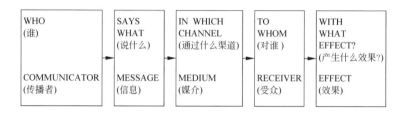

图 3.1 拉斯韦尔的"5W"传播模式[1]

拉斯韦尔提出的是一个线性模式,重点关注单向传播过程。这个模式今天仍然具有参考价值,因为有针对性的单向传播是传播工作中的重要组成部分。按照拉斯韦尔的模式,传播者在传播过程中需要做出一系列的选择,这些选择环环相扣。该模式认为,当一个人(传播者)想要通知或说服另一个人(受众)时,必须做出若干选择并使之相互协调:传播者必须明确想要传达的信息,知道谁是目标受众,并据此对信息和传播渠道做出适当调整。要达到预期效果,受众也需要对传播者有足够的信任,并愿意接收相应的信息。

然而,传播不一定是单向的,也可以是一个互动过程。许多传播模式都描述了传播的交互性,例如,如图 3.2 所示的模式[2]。简便起见,该模式仅描述了一个传播者和一个受众的情形,但现实生活中的情况千变万化。毕竟,传播可以在各种各样的环境中进行,以及涉及不同的受众群体。

图 3.2 中显示了信息源（传播者）从自身知识、经验、评价标准和先入为主的观念出发，传播信息的过程。

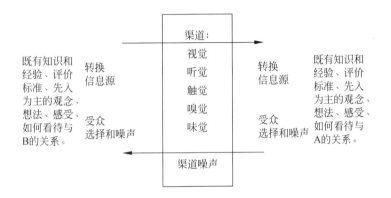

图 3.2　互动视角下的传播模式[2]

但这些并不是决定人们如何选择信息和传播方式的唯一因素：对场景的判断及与受众的关系也起着重要的作用，不管传播者是否有意识地这样做。

受众往往根据自己的知识、经验、评价标准和先入为主的观念来解释信息，这就使传播过程变得更加复杂。传播场景也会对信息传达的方式产生重大影响，而且可能会有干扰。"干扰"指的是"任何扰乱传播的事项"。Oomkes（2013）提到了两种内部噪声，即导致传播由于一个或多个参与者的内部因素而中断的干扰项。例如，如果受众身体不舒服，或者心里想着别的事情，就可能会错过部分信息。外部噪声指传播过程中信息受到其他噪声干扰的影响，从而导致受众漏掉部分信息，如图 3.2 所示。

从传播的互动模式来看，参与传播的各方彼此之间应该积极进行沟通。为了进行有效互动，参与者必须有平等机会主动决定互动的内容。他们还必须愿意且能够听取对方的意见，并考虑对方提出的建议。另外，参与讨论的各方要真心相待，相互尊重，这也是非常重要的。同时，应该允许话题随着讨论的展开而变化：人们应该能够自由地发表自己的观点，并被认真倾听。如果两个人各持己见、互不相让，进行对话就没有意义了（参见第 4 章）。

3.3 科学传播过程的特点

本节将传播过程模式应用于科学传播领域，并描述科学传播过程的三大要素：行为者或利益攸关方、传播的动机和目标、科技内容和背景。

3.3.1 行为者或利益攸关方

科学传播过程中有哪些行为者或利益攸关方？科学传播领域不断发展，对相关参与者的看法随时间的推移也发生了变化。最初，科学家被看作传播者，普通公众被看作受众，而记者和公关人员被看作中间人。当今，科技传播更多地被看作不同传播者和受众之间的互动过程，在此过程中，他们经常转换角色。传播者和受众可以由许多个体和群体组成，其组织方式也可能变化，因此，每种传播场景都有对应的参与方，也就是相应的受众群体，所以在科学传播领域，"公众"在英文中现在常用复数形式（publics），而不是单数（the public）。

根据具体情况，传播者可以有不同的名称：行为者、科学传播者、实践者、传播专业人员、科学家和利益攸关方。接收者也可以被称为目标受众或目标群体、优先群体、访客、顾客、利益攸关方、公众、群体或参与者。

为明确参与科学传播过程的行为者，通常对他们进行归类，如学术界、政府、产业界、媒体、民间社会组织和公众。根据秀娜（Siune）[3]等的说法，利益攸关方是与项目有利害关系的人或组织，如图3.3所示。大学和学校被视为单独的利益攸关方，此外还有产业和商业界的私人组织、政府和议会、媒体、博物馆和所谓的第三部门。第三部门由非政府组织、教会和工会组成，代表公民群体。

从传播的外延来看，公众占据一席之地。作者强调，"原则上，当涉及科学在社会中的作用时，社会中的每个人都是利益攸关方"，但"这一概念的问题是并非所有相关者都会积极参与"[3]。

无论哪一种分类，在表示各类人群的时候都采用了简化的方法。现实中，传播可在群体内部进行，也可在群体之间进行，并且涉及许多不同层面，例如在个人、部门或组织层面，因此，应具体情况具体分析。

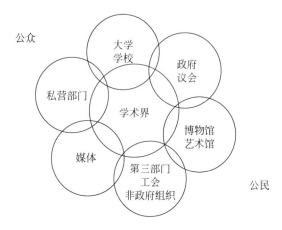

图 3.3　科学传播的利益攸关方[3]

3.3.2　目标多样性

科学传播过程中的所有行为者都受到某种动机的驱使，都有自己想要实现的特定抱负或目标。这些动机有时是社会性的，有时是组织性或个人性的。

随着公众越来越多地参与科技发展，科学传播往往也要为实现特定社会效益而服务，如加强民主、创造经济效益、提高生活质量等。基于此，为解释行为者或利益攸关方进行科学传播的目的，可归纳出规范性、工具性和实质性等 3 种类型的社会动机[4-5]。方框 3.1 举例说明了这 3 种动机类型。

> **方框 3.1　公众参与科学的动机**
>
> 丹尼尔·菲奥里诺（Daniel Fiorino）提出了公众参与环境决策的 3 个主要动机[6]。几位学者（例如 Wilsdon、Willis、Jackson 等）[4, 7]据此阐述了公众参与科学对话和科学传播的原因，不外乎加强民主、创造经济效益和提高生活质量。达尔德鲁普（Dalderup）[8]对改善生活质量这一目标做出了文化方面的解释。科技无处不在，已经成为人们日常生活的一部分。
>
> **规范观：加强民主**
>
> 从规范性角度来看，人们认为，科学知识的普及能使公众更好地参与与科技发展相关的公共讨论，并做出积极贡献。人们在现代社会中享有"知情权"[4, 7-8]。
>
> **工具观：创造经济效益**
>
> 从工具性角度来看，科学参与帮助公众建立对科学管理和科学机构的信心和信任。正如杰克逊、巴尔巴加洛和哈斯特（Jackson、Barbagallo、Haste）[4]所说，在做科技领域的相关决策时，如能进行相关宣传和讨论，并充分考虑公众的利益和关切，将有助于减少科学界、监管者和公众之间的冲突，并通过建立信任带来经济效益。
>
> **实质观：提高生活质量**
>
> 从实质性角度看，科学技术几乎渗透到现代生活的方方面面。正因如此，人们在做医疗保健、食品安全和气候变化等方面的重要决定时，越来越需要将科学信息与个人价值观和其他因素结合起来考虑，因此，人们不仅要了解和学习科学技术，还要参与科学技术的决策，以确保科技发展可以切实造福社会。在这一视阈下，

"学术"圈之外的知识和经验[4]对提高生活质量也具有参考意义。

除了社会动机外，科学技术领域内的组织可能是为了实现自身的愿景而参与科学传播。例如，大学和其他研究机构希望以商业化的方式提高声誉、寻找投资者（科研赞助商）或获取更多客户。产业界更多关心的是销售新技术产品，媒体也利用科学传播来吸引某些目标受众。科学传播甚至可以用于实现个人层面的自我营销。例如，科学家通过传播科学获得更多认可，进而更容易获得研究经费。

科学传播的实践者试图通过传播方式来最终实现这些目标。专业科学传播者会制定传播策略。他们通过环环相扣的选择，对传播过程的各个方面进行精心设计，以确保科学传播的有效性。

3.3.3 科技内容和背景

科学传播可能比想象的要复杂。如前所述，其复杂性源于传播过程中相互关联的多种因素，包括参与其中的个人和组织，以及他们各自不同的目标和利益。与此同时，信息的性质或科学本身也可给传播带来困难[5]。

人们期望科学产生对社会有用的信息，无论是直接的还是间接的。事实上，科学有一套独特的方法和规则，以确保产出知识的可靠性，然而，科学发现往往是一个持续进行的工作，或仅适用于特定的情形或人群。公众希望得到明确答案，但科学结果可能不够充分或不确定，往往只能提供模棱两可的信息，而随着研究的推进，科学结论可能会随着时间的推移而改变[5]。

公众对科学整体上不够熟悉，对某些决策背后的科学问题的了解也往往比较有限。人们往往会因科学结论的模糊性而缺乏安全感，难以理解科学蕴藏的不确定性和可能性。为了弄清楚复杂的科学信息，他们常常根据自己的信念和价值观走捷径：例如，接收新信息时，人们可能按照他们对相关问题的既有知识和观念对新的信息做出判断[9]。这可能导致他们无法准确解读科学信息，特别是在科学信息存在不确定性的情况下[5]。

在任何传播活动中，信任都是实现传播目标的一个重要因素。受众会判断信息的来源或来源机构是否值得信赖，并以此判定哪些信息值得关注，自己又该怎样看待这些信息。

除了信任外，还有许多因素可以影响科学信息的接受度。人们的意见和决策不断受到各种社会因素的影响，如社会网络、规范、群体观念和信仰，所以说，人们从自身的期望、知识、技能、信念和价值观出发去理解科学，而这些价值观又受到更广泛的社会、政治和经济因素的影响[5]。

3.4 制定传播策略

科学传播活动的开展往往从制定策略开始。为了制定有条理、基础牢靠的策略，传播者必须做出一系列恰当的选择，例如如何协调组织内的传播。有效的传播策略应贯穿传播活动全程。如果没有传播策略，传播者就很难确定哪些传播活动是有效的，哪些是无效的。由于执行策略的环境总会发生变化，因此策略也需要不断调整。鲁勒和柯弗（Van Ruler 和 Körver）[10] 的传播策略框架（Strategic Communication Frame）中包括8个相互依存的模块。8个模块分别从不同的维度提出了一些问题，可助于制定科学传播策略。本章对模块的描述做出调整，以适应科学传播的语境。

1. 目标

构建传播策略时，传播者需要回答一个重要问题："你想要实现什么目标？"在动态的传播语境中，很难控制传播过程或实现预先设定的目标。在这种情况下，需要仔细考虑预设目标，例如，为了引入一项新的创新，或者为了与不同的利益攸关方就一项新技术展开对话，或者为了开展预防肥胖的行动。鲁勒和柯弗将目标定义为"做某事或实现某事的强烈愿望"，所以策略的起点就是设定目标。

2. 愿景

根据鲁勒和柯弗[10]的观点，目标受到愿景的影响，也受到人们对自身职业及其附加价值观念的影响，因此，有必要考虑自身在组织内的角色及由此产生的可能性和局限性。

3. 内部情况

科学传播从业者通常在大学、政府、非政府组织或某个行业的传播部门工作，代表这些单位的利益，因此，对于传播者来讲，要充分了解所在组织的愿景和使命，明确各事项的轻重缓急。毕竟，科学传播活动要符合组织自身的目标。

科学传播的伦理问题也与组织的愿景和使命及传播部门的目标密切相关。有关科学传播的决定常常涉及伦理问题，例如传播什么科学成果、何时传播、如何传播及向谁传播。这些选择反映了组织持有的价值观[5]。例如，如果有一个组织为了说服人们支持某一政策而进行相应的科学传播，或者利用科学信息鼓励人们改变行为方式（例如健康宣传活动，见第8章），这些做法都可能遭到质疑。在任何情况下，传播者都必须了解其组织的行为准则，并遵从自身的道德标准，在制定最终策略时必须充分考虑道德选择问题。

4. 外部形势

在研究外部形势时，既要考虑新趋势、新发展，也要考虑与问题相关的各种观点。新趋势、新发展在执行策略的过程中发挥着重要作用，因此需要对其进行分析。

社会趋势和变化可能对组织产生影响。例如，对人工智能的不信任会影响公众态度及他们对该领域创新的接受程度。新趋势、新发展也会对传播内容产生影响。例如，媒体对创新的态度会显著影响公众看待创新的方式[11]。利益攸关方或客户的期望也是需要考虑的重要问题。如果期望是明确而清晰的，在传播过程中就应该予以考虑，并做出适当的调整。

所有趋势和发展分析都能帮助传播者确定人们需要什么信息。此外，这些分析也能帮助他们了解现实情况，因为传播者"倾向于高估大多数人对一个主题的了解[…]及高估自身工作的成效[…]"[5]。

5. 责任

鲁勒和柯弗[10]强调，传播者要明确他们对既定目标的责任，以及如何衡量工作进展。他们必须能够证明自己的工作是在正确的轨道上向目标迈进。

6. 利益攸关方

通常，执行一项策略需要其他各方的投入。需要区分施能者（enabler）和合作伙伴（partner）[10]。施能者是那些支持传播实践者将策略付诸实施的人。施能者可以是赞助商或施加影响者（influencer）及那些支持或响应策略的个人或组织。合作伙伴是与传播者合作、实现共同目标的人。对于每项策略，都要考虑谁适合担任这些角色，如何更好地让这些利益攸关方参与科学传播过程。需要注意，所有（潜在的）利益攸关方也会进行自己的内部和外部分析，因此会对最终的策略提出额外的要求。

7. 资源

资金和人在传播策略的执行中也起着重要的作用，因此有必要对所需预算和人力进行盘点，确定团队是否有足够的知识、技能和经验，以及谁将负责将策略付诸实践。

8. 途径

制定策略的最后一步是考虑上述所有模块的要求，并在目标、利益攸关方和传播手段方面做出明确的选择。在这一阶段，需要分清轻重缓急：决定哪些事情需要先做，哪些事情可以后做，并制定一个完整的活动计划（关于传播手段的概述参见方框3.2）。

方框 3.2　各种传播手段及其利弊

科学传播者需要分析并决定在其传播策略中应使用哪种传播手段。传播手段不计其数,包括演讲、期刊、广播和电视节目、网站、社交媒体、科学咖啡馆、展览、开放日、讲习班、小组讨论、科学剧场、焦点小组会议、公开辩论和对话等,不一而足。

有些适合单向传播的方式,有些更适合双向传播,有些则二者兼容。例如,科学咖啡馆是科学家在非正式场合谈论学术研究的聚会活动场所,公众有机会提出问题,因此科学咖啡馆可被视为向参与者提供信息并使他们了解科学技术发展的一种方式。同时,科学家和参与者也可以在讨论环节相互交换意见。这样,科学咖啡馆就不再仅仅是向参与者传递信息的工具,同时也促进了一个双方之间的交流[12]。

同样,大多数社交媒体的用途也非常广泛,既可以进行单项传播,也可以促进双向交流。通常认为讲座是一种以传播为基础的交流形式,但即使在讲座中,听众的反应也能引起热烈的讨论,使传播过程更具互动性。

然而,要选择一种传播方式或将多种手段结合起来使用,并不是一件容易的事,存在多种可能性,并且各有利弊。对话或焦点小组会议等方式似乎是组织主题讨论的好办法,但是,有些参与性会议只有少量的人参加,通常比较耗时,而且不是每个人都愿意积极参与。此外,设计和促进对话也并非易事。毕竟,主持人必须确保所有参与者平等地参与讨论,并能在有限的时间内表

> 达自己的见解（参见第4章）。
>
> 　　其他传播方法也有各自的局限性。基本上，大众传媒能够将信息同时传播给许多人，而广播、电视等传统大众媒体价格昂贵。使用这些资源并不保证一定能接触到目标群体，也不意味着传播就会达到预期的效果。毕竟，传播效果取决于许多因素，包括信息是否有吸引力、是否足够清晰。
>
> 　　社交媒体还有一个优势，就是可以在短时间内接触到大量人群，但是，受众不一定会响应，参与者可能也无法更改或转发信息，因此，社交媒体很难控制。传播者无从知晓谁收到了信息，也无法预知结果。

　　这些模块并不是强制的规定，不能要求我们必须做什么，也不能告诉我们哪种策略最有效，但可以帮助我们做出务实的选择。毕竟，在科学传播的动态语境中，策略必须具有足够的灵活性。这就要求在执行一项策略期间，反复检查上述问题，并在必要时加以调整，因此，需要不断进行反思和评估。

3.5　科学传播过程中的理论运用

　　理论可以用来更好地理解传播过程，特别是理解传播过程中的重要因素及它们之间的联系。传播理论有助于分析当前的形势，帮助我们解决具体的传播问题，也可以帮助传播者在制定策略时做出适当的选择。除了理论外，个人经验和直觉也起着重要作用，因此，为了做好决策,要从实践和理论的双重角度来理解传播过程。

利特尔约翰、福斯和奥策尔(Littlejohn、Foss、Oetzel)将传播理论定义为"任何一组描述某方面人类经验的有组织的概念、解释和原则"[13]。每种理论基于对传播的不同认识和观念,从不同的角度看待传播过程。

根据利特尔约翰、福斯和奥策尔的看法,大多数理论由4个维度构成:

(1)假设或基本观念(理论基础);

(2)概念模块(构成要素);

(3)对所研究现象解释;

(4)原则(实践指南)。

传播理论可以用各种不同的框架来呈现。利特尔约翰、福斯和奥策尔[13]就描述了几个框架。例如,在葛雷格框架[14]中,就提出了传播学的七大理论视角:符号学、现象学、控制论、社会心理学、社会文化学、批评理论和修辞学。方框3.3将简要列举这七大理论视角。

> **方框3.3　葛雷格(Graig)框架**
> **——传播学理论中的七大理论视角**
>
> 符号学理论侧重于对符号的研究。人们可以通过自己的经验和感知赋予符号意义。正因为如此,符号可以代表感情、情境、想法或状态。符号学在信息理解方面尤其重要,但并不关注传播过程中所涉及的人。
>
> 现象学理论认为,人们通过自己的经验和价值来积极地解释

经验，进而理解世界。符号学认为解释是脱离现实的，而在现象学中，对现实经验的解释对人来讲就是真实的东西。

控制论研究的是系统中传播的整体运作，其中各要素相互影响、相互依存。举个例子，在一个课堂中，学生与教师之间的关系、学生与学生之间的关系、课堂的主题、环境、学生的文化多样性、作业等都聚集在一起，形成了一个相互联系的循环网络。正如利特尔约翰、福斯和奥策尔[13]所说："系统监测、调节和控制其自身的产出，以保持稳定并实现目标。"

社会心理学以个体为中心，聚焦人们如何开发和处理信息及信息对个人的影响。几种理论都探讨了人们如何通过传播改变自身态度或行为。风险传播（第7章）、健康传播（第8章）和环境传播（第9章）都与这一理论传统有关。

社会文化学则试图理解人们如何共同创造其社会群体、组织和文化现实，关注人与人之间的互动模式。

批评理论则讨论社会中某些特定传播形式所产生的权力、压迫和特权。在传播学领域，批评家们对信息如何强化社会中的压迫特别感兴趣。

最后，修辞学理论是随着时间的推移而发展起来的。古典修辞传统的核心是雄辩。古人认识到听者可以受到讲者的影响，就开始建立修辞学理论，重点关注进行有效演说，以让听者信服。当今修辞学理论的一个重要观点是，人类通过符号创造自己的世界：我们所认识的世界是由语言建构的。

3.6 传播理论如何指导传播实践

为了说明传播学理论在传播策略中的应用价值,我们将讨论3个简短的案例,每个案例都将重点关注传播学理论的适用性及适用程度。关于案例的详细信息,我们将不做过多叙述。

案例一:如何让受众信服

科学传播者都希望能将信息有效地传给目标受众。那么如何实现呢?每个人每天都要处理数百条消息,怎样才能让受众愿意去吸收我们提供的信息呢?

理论: 详述可能性模式(Elaboration Likelihood Theory)也称作双路线模型,是一个与信息处理有关的传播理论[15],属于社会心理学范畴。该理论描述了说服性信息的两种处理方式:中心路径和外围路径。当人们通过外围路线处理信息时,他们对信息基本上不会有太多质疑,而是根据几条线索迅速做出判断,然而,通过中心路径处理信息时,人们会动用更多的认知资源,根据自己既有的知识更加积极地评判信息。通过中心路径处理信息更有可能持久地改变一个人的态度。

要采用中心路径,需要详细阐述相关论证过程,并且在时间、机会和认知能力各方面条件允许的情况下激励人们去积极处理信息。现实中往往达不到这些条件,那么就只能采取外围路径。如果要让人们走外围路径,传播者则可以采用几种手段:①给出论证;②确保传播的信息与某人既有知识相关或部分重叠;③确保受众认为传播信息的来源可信,例如请有影响力的人背书或传播者本身就是权威专家。此外,还需要对传播过程进行包装，让其看上去具有吸引力。

实践："寓教于乐"即将信息传播与消遣娱乐相结合，是国际上广泛使用的方法，可对大量的受众和特定目标群体进行传播。肥皂剧就可以通过外围路径影响公众的态度，例如，影响人们对于LGBT（非异性恋）人群的接受度、宣传健康生活方式和可持续理念等。

案例二：归属感的重要性

在职场中，许多人利用演讲来与听众建立联系，但是，怎样才算是一篇好的演讲呢？为什么有些演讲能让人产生归属感，而有的却不能呢？

理论：伯克（Burke）的认同理论（参见文献 [13]）是修辞学传统中的一种理论。该理论认为，语言本质上是具有选择性的、抽象的。语言将现实的某些部分置于聚光灯下，而忽略了其他部分。此外，语言能将人团结起来，也能将人分化，从而影响人的行动。当一种语言中的符号将人们聚集在一起时，就会产生一种共同的理解方式，即认同。相反，语言也可以产生分化作用。语言可以通过强调不同人群的差异来促进人群的分化。

伯克提出了以下4种产生认同感的基础。它们彼此重叠，共同发挥作用，将人们聚集在一起：

（1）物质认同（如拥有相同的物品）；

（2）理想化认同（如具有相似的价值观、兴趣、经历）；

（3）形式认同（例如，基于双方共同参与的形式、安排或组织而产生的认同）；

(4)基于幻想的身份认同(例如,在等级社会结构中,底层人士往往对高层人士形成认同感)。

如果希望听众对演讲者或演讲内容产生认同,在做演讲时就可以考虑如何建立上述的认同感基础。通过这种方式传达信息,带领受众进入全新的世界,但这个理论的不足之处在于只适用于面对面地进行传播。甚至如果过分强调实现认同感,则可能会适得其反。

实践:"Ich bin ein Berliner"(我是柏林人)就是使用理想化认同的著名例子。1963年冷战期间,美国总统约翰·肯尼迪在西柏林的演讲中引用了这句德语。在这段引文中,他用对柏林人的认同来强调美国对西柏林的支持。彼时,西柏林是德意志民主共和国中的一块飞地。对时刻担心被苏联占领的西柏林人来讲,这篇演讲极大地鼓舞了士气。

案例三:群体行为

很多传播场景都涉及群体参与,例如研究团队或组织部门。通常,群体中存在从众心理,追求和谐统一。团队成员或经理往往尽量避免群体内产生冲突,然而,这也可能带来一些问题。

理论:美国心理学家欧文·贾尼斯(Irving Janis)和他的同事在群体传播领域颇负盛名。他的群体思维理论[16]解释了群体内部如何进行互动以形成共同的决策。群体内部的互动又取决于群体成员间相互依赖的程度。与大多数关于群体结构、群体任务的理论一样,群体思维理论沿袭了社会文化理论的传统。在具有凝聚力的群体中,成员相互依赖以实现共同目标。一个群体越有凝聚力,为继续保持这种凝聚力,它对成员施加的压力就越大,群体思维(Groupthink)也就越有可能发生。

群体思维要求个体避免提出争议性问题或替代性解决方案，从而导致个体创造力、独特性和独立思考的丧失。所谓的"内群体"（in-group）是群体机制失调的体现，让人产生一种"无懈可击的错觉"（误以为已经做出正确决策），因此，内群体中的人会明显高估自己的决策能力，而明显低估对手（"外群体"，out-group）的能力。

群体思维会导致思维封闭，限制群体的选择，阻碍对各种观念进行批判性的思考。群体思维还会导致盲目自信，以至于不考虑准备应急计划。此外，群体思维还可能导致对"外群体"产生非人化的行为。

贾尼斯就如何预防或解决群体思维问题提出了建议。例如，不要让领导者事先表明自己的偏好，邀请外部人士带来新的想法，并指派一人专门唱反调[13]。

实践：在学校里，群体思维的过程往往是清晰可见的。群体思维也存在于政治和商业中，毕竟在许多体制内，很多人都"希望获得群体归属感"。

上述案例表明，传播理论具有非常具体的现实指导意义。例如，贾尼斯（1982）[16]提出的避免群体思维的建议就可以直接用来解决具体问题，然而，对传播者而言，理论应置于特定情况中具体分析。以伯克的认同理论为例：每一次演讲都要结合主题、语境和听众，这样才能知道应该凸显哪些认同感基础，因此，理论往往是给人以思想上的指导，而不是立竿见影的答案。对于科学传播者来讲，应该静下心来，反思哪种理论更适合当前的传播状况，以最佳方式追求预期效果。

3.7 结论

传播过程是复杂的。在专业传播活动中,为了达到特定目标,必须综合考虑各方面因素。借助传播模式,可以判断最重要的因素及其相互关系。需要注意的是,不同模式侧重点各有不同。

科学传播过程有其自身的特点和挑战,这与科学技术的内容和背景、利益攸关方及其动机和利益有关。

机构和组织在开展传播活动时,需要确保各项活动协调一致,可以借助传播策略框架实现。传播者需要对不同模块做出明确的、环环相扣的选择来构建传播策略框架。制定传播策略的最后一步是将这些选择转化为一套具体的传播活动,确定活动的优先次序,并对其进行规划。这些模块不是强制性的,并不能告诉传播者应该做什么,或者哪种策略是最好的。其意义在于帮助传播者做出正确的选择。由于科学传播在动态语境中进行,因此需要对传播活动和策略框架进行不断的反思和评估。

理论在制定传播策略中可发挥重要作用,可帮助理解传播过程,分析当前形势,并为实际活动的决策执行提供借鉴,然而,针对每一项任务,传播者都应该积极思考哪一种理论最适用。

第 4 章

对话中的科学

4.1 导言

当今社会面临许多复杂问题，例如气候变化、原材料和食物的日益匮乏、人口老龄化等。科学家在识别、分析和解决这类问题中发挥着重要作用。随着时间的推移，科学家的角色也发生了重大变化。如 2.8 节所述，如今科学家不仅要为企业和政府机构提供有实际应用价值的研究成果，甚至还要构建所谓"社会融合型"的科学以促进各种社会问题的解决，包括卫生保健、提升国家经济实力、推动政府落实可持续发展等。为了创造社会融合型知识，科学家普遍开始与社会其他利益攸关方合作，如地方和国家政府、企业、非政府组织、实践领域的专家等。

在解决复杂社会问题的过程中，科学的作用发生了怎样的变化？这将是本章的重点。科学与社会公众之间的"对话"呈现了两种趋势：①对科学伦理和社会影响方面的研究；②公众科学参与的核心是社会各方及实践专家和科学家之间的互动。在第一种趋势中，"对话"一词指自然科学家、社会科学家和哲学家向社会开放科学的社会实践，进行跨学科合作。在公众参与的范畴内，对话是指交流过程的互惠性质；

在这种交流过程中,公共利益攸关方可以为科学决策建言献策。科学传播工作者将对话视为促进公众参与的一种方法。本章在最后提出了对话在实践中的一些特点,以及传播者在对话过程中角色的多样性。

4.2　争议和复杂问题

在科学向社会开放的过程中,公众参与科学的兴趣与日俱增,这与 20 世纪 60 年代开始的民主化社会趋势有关。与此同时,由于高等教育的大规模扩张,民众的受教育水平也在不断提高。此外,除了技术进步带来的繁荣之外,新技术的负面影响也更加凸显:例如广岛原子弹、气候变化和切尔诺贝利核灾难的影响。此类事件使人们日益相信,科学不应以完全自主的方式发展[1]。如今,报纸上充斥着各种争议性问题,科学界的共识似乎并不存在:如何应对网络犯罪?是否应该继续开采页岩气?如何应对气候变化和相关问题,如干旱地区的用水问题?地方官员如何保护民众免受飓风、地震、洪水或火山爆发等灾害的影响?偏远贫困地区的人们还在挨饿,我们又该采取什么行动来解决西方国家的食物浪费问题?在以上问题中,科学的作用体现在两方面。

科学为社会问题提供了解决办法,但也带来了新的困扰。例如,随着科学的进步,粮食生产的效率提高了很多,但农业技术的发展与资源枯竭和食品安全危机却如影随形,如 20 世纪 90 年代的疯牛病就是一种食源性疾病。另一个例子是技术对人类身体机能的增强。

技术干预不仅可以帮助那些遭受疾病侵扰的人,还可以改善健康人的人体功能。例如,整形手术、类固醇药物等增强剂或生育治疗都是为了使人变得更美、更聪明、更有生育力。20世纪70年代以来,人们日益认识到科学带来的社会影响,例如,潜在的健康风险、财富分配、医疗公平及关于人类自我认知等根本性的问题。

这表明科学在与社会的交互中出现了复杂的政策问题。在社会科学中,这些问题被称为非结构性问题或界定不清的"棘手问题"(Ill-defined Wicked Problems)[2-4],如图4.1所示。这些问题很难界定,因为它们的特点是既有高度的技术不确定性又有高度的规范多样性。

		价值观、利益和观点的多元性	
		高	低
相关知识的确定性	否	棘手问题 (如气候变化、流感、核废料处理)	适度结构性问题 (讨论处理问题的合适方法,如交通堵塞)
	是	适度结构性问题 (讨论目标的道德可接受性,如植入前遗传学检测)	结构性问题 (CFK气体对臭氧层的影响、修理汽车)

图 4.1 4 种类型的政策问题:从科学能够或已经提供解决方案的结构性问题到科学不能提供现成答案的棘手问题

技术不确定性是指科学无法提供现成的解决方案。这可能是因为问题尚未完全确定,或者因为以现有科学技术水平尚无法找到解决办法。此外,科学家可以从已有的研究中得出不同的结论,无法对正确的做法达成共识。

最后，正在研究的（社会或自然）系统可能非常复杂，例如气候系统，因此某种程度的不确定性是不可避免的。除了这些技术上的不确定性，规范的多样性也是存在的。人们对如何确定各种问题的优先次序、如何解决这些问题有不同的意见。人们都会按照自身的信仰、理想、经验或政治取向对如何解决社会问题提出观点。要鼓励可持续的生活方式，最好的方式是政府补贴还是提高燃油税？政府应该通过投资相对昂贵的 CO_2 储存来应对气候变化，还是通过提高能源使用税来减少 CO_2 的排放？也许两种方法应该双管齐下。在这些问题上，科学很难或者根本不可能和政治划清界限。

政府、非政府组织、产业界和科学界等各方面日益认识到当今问题的复杂性。这种认识是科学语境化的结果（参见第 2 章）。在这种语境化进程中，科学越来越多地扮演着"问题发现者"或"协调者"的角色。这意味着，越来越多的知识是在科学与其他社会行为者的协作中产生的，例如对可再生能源积极进行研究的企业或参与制定生物医学研究议程的患者等。在分析和解决社会问题时包含相关社会价值观和观点的科学被称为"社会融合型科学"[5-6]。20 世纪 90 年代以来，将社会价值和观点纳入科学的趋势日益体现在两个并行的运动中，即伦理/社会研究和公众参与。公众参与让各种（未来）利益攸关方参与到对新知识和技术的反思中，进而形成了"科学的社会对话"。公众参与和伦理/社会研究都关注科学研究的社会融合和科学对社会需求的关注。

社会融合型知识既包括自然科学家的科学知识，也包括社会利益攸关方在专业实践和生活实践中积累的知识和常识。举例来看，专业实践知识对于农民来讲包括牲畜饲养、转基因作物的使用等；生活实践知识包括患者在接受治疗后自行积累的护理经验。关于科学和技术的伦理和社会研究在20世纪90年代被称为科学的伦理、法律和社会维度（ELSA），其重点是绘制科学的伦理和社会影响图，如表4.1所示。这些研究是以哲学、生命伦理学和社会学等学科为基础的。正是在这个范畴中，科学家与其他社会科学、哲学和伦理学专家展开对话。

表4.1 新技术的伦理和社会层面举例

技术	创新/应用	道德和社会维度
生物库	临床和研究用的人体组织储存	知识产权问题、隐私
DNA测试	遗传性乳腺癌检测（BRCA1和BRCA2基因）	知识产权问题（DNA测试的专利申请）、隐私
粮食作物优化	转基因种子的使用	知识产权问题，如跨国公司的专利与当地农耕文化和社区、环境影响（生物多样性）
生物燃料	对部分植物（如木材、稻草）的（非）可食用部分进行转化或将废物转化为生物乙醇的转基因酵母细胞或藻类	利用稀少的农地种植能源作物而不是粮食作物；燃烧时释放细颗粒物；可持续性问题
纳米技术	纳米粒子在消费品中的应用，如防晒霜、运动饮料、油漆、服装和胶带	对健康和环境的意外影响

4.3 在社会中重新构建科学

20世纪70年代，人们对社会科学的兴趣明显高涨起来，导致科学技术在伦理和社会层面的研究增加。在相关研究中，伦理学家和社会科学家试图在新知识或技术开发的早期阶段与自然科学家合作，以阐明潜在的社会影响。1988年，在人类基因组组织（HUGO）的负责人宣布HUGO将带来广泛的伦理和社会影响之后，这方面的研究得到了极大推动。决定将HUGO财政资源的很大一部分用于研究其可能带来的伦理和社会影响。包括荷兰在内的许多国家在研究经费开支方面都延续了这一趋势。2002年，荷兰政府发起了"荷兰基因组学倡议"，该倡议从提出直至2013年期间将5%的预算用于伦理和社会研究。

表4.1列举了一些与新技术相关的伦理和社会问题。由于科学发展仍处于早期阶段，很难准确地确定和评估将在何种情况下应用新技术。例如，当互联网在20世纪70年代初为满足美国国防部的需要而研发出来之时，没有人想到它之后会有如此广泛的应用。又如，万艾可在开发的时候原本是用于改善心肌血流的药物，后来却被意外地用作提升性功能的药物。

在技术发展的早期阶段探索伦理和社会问题，对于及时保证技术创新朝着有利于社会的方向发展是非常重要的。通过影响技术的呈现方式、数据的存储方式、修订相应的规则或法律，甚至最好直接通过修订研究方案本身来提高技术在实践中的应用效果。不仅要研究直接（预期的）技术应用和用户，还要研究潜在的、非预期的用途和影响[6-7]，以及相关的责任划分。例如，技术创新是否充分促进社会正义和可持续性的目标。从事科学伦理和社会影响研究的人员与科学传播者立场相似：他们可以近距离地接触科学，了解科技的新发展，但同时也保持着足够的距离，能够从更广泛的角度反思这些发展，或者提出相关讨论议题并组织讨论。

为了评估未来发展对社会的影响，并引导科学技术朝着合理的目标发展，仅有科学知识是不够的。以往，科学为社会提供可靠的知识以换取自主、独立的发展。科学与社会之间的这种旧的契约关系正逐渐被新的现实所取代[5]。人们越来越期望科学在生产知识时考虑消费者、患者和公民的想法、需求和关注。社会现在开始对科学发声。此外，在过去几十年里，政府、公司、社会组织和公民等非科学行为者以各种方式积极促进知识的创造。换言之，科学、政府、行业和公民之间的界限已经变得模糊，各种行为者开始在各领域间来回跨越。

这种交流需要有各种互动和沟通过程，正如欧洲联盟的研究政策地平线2020所反映的那样。该方案为2014年至2020年的研究经费制定了发展议程，运用了负责任的研究和创新的理念，通过与社会的协作发展服务于社会的科学。欧洲联盟支持社会在研究中的作用，"RISE高级别小组"也体现了这一点。高级别小组是一群集研究、创新和科学政策方面的专家，他们强调研究和创新的开放性和多样性，以塑造欧洲的未来，即"开放科学、开放创新、向世界开放"（Open Science, Open Innovation, Open to the World）[8]。该文件提到了一种研究和创新方法，即产业、（地方）政府和非政府组织的合作伙伴应参与技术发展的早期阶段，以提供相关经验、社会价值观和优先事项的建议。这些合作伙伴还要比较不同方案的可行性，以明确如何设计更具可持续性的产品和应用程序。这种合作模式的关键在于让具有不同专门知识、经验、兴趣、关切和世界观的利益攸关方进行相互了解和共同学习，以便尽可能多地将社会观点纳入科学研究。

4.4 重新构建科学-公众互动关系

科学技术的伦理和社会研究拓宽了科学决策的基础，将社会学、伦理学等非技术学科容纳进来。公众参与和对话则更进一步，让公众也能够影响科学研究和技术创新的实践及未来。科学讨论范围的拓展是形成社会融合型科学的一个重要因素（参见第2章）。

公众对话在科学发展中发挥着越来越大的作用，这与20世纪60年代开始的民主化社会进程相伴相随。在20世纪90年代，这一运动达到顶峰，在欧洲和美国兴起了许多公众参与的做法。这种新的对话兴起，本质上是由于人们认为有必要重新讨论科学的合法性，以妥善应对核能和生物技术等新技术引发的一系列公众争议。此外，人们日益认识到其他知识来源和认识方式可能对科学政策和决策做出有价值的贡献。在这方面，农民参与农业创新和患者参与生物医学研究都具有开创性的进展，因此，人们认为，通过大众媒体或教育单方面向公众传递信息已不再足以建立公众和科学之间的可靠关系。科学传播理论和实践向对话和参与模式转变，但传播的缺失模型从未消失，往往占据主导地位[9]。尽管如此，人们仍然将这一转变称为从缺失走向对话的趋势（参见第1章）。

对话和参与的模式本质上是一种相互交流，反映出人们日益认识到地方性知识的价值及公众理解技术、为科学发展建言献策的能力[10]。承认地方性或语境化知识的重要性，需要社会中具有这种知识的个人和团体的参与，也需要愿意进行批判性自我反思的"反思型"科学家的参与。科学传播者的作用则是促进和优化对话过程中不同参与者之间的互动。

4.5 公共对话的实质

4.5.1 公众参与和对话的3个动机

至于为什么要让不同利益攸关方参与科学与社会对话，组织者经常提到3个主要原因[11]，可以用3个论点来概括。

其一，实质性论点：社会利益攸关方参与科学和技术可以提高科学决定的质量。科学对复杂问题往往只提供了有限的角度。其他非科学角度的看法可以对这些问题做出更全面的定义，并有可能产生社会融合性的解决办法。例如，如果让患者参与生物医学研究议程，患者就可以提供他们在日常生活中处理疾病的经验，这可以引起人们对科学研究中那些相对被忽视的问题的关注。

其二，工具性论点：如果社会公众能在科学发展和创新的早期阶段介入，就会让相关研究成果获得更多支持，并减少公众对创新风险的抵制。这增加了在社会上成功应用新技术的机会。

其三，规范性论点：公民有与他们有关的事项发表意见的民主权利。科技进步会对人们的生活产生重大影响，而且往往会得到公共资金的资助，至少部分是由公共资金资助的。对话活动是让公民参与科技发展决策的重要手段。

近年来，公众参与和对话已成为国际科学政策趋势的重要组成部分。决策者让公众参与有关科学和技术的决策进程，借此提高科技的可信度。如本章导言所述，欧洲联盟等政策领域的主要行动者已欣然接受民间社会的参与。在国家研究理事会的出版物和赠款中，对话被视作在社会中成功推广科学成果的先决条件。

4.5.2 政策通报型对话和相互学习

Davies 等专家[12]将以通报政策为目的活动和促进参与者之间相互学习的活动区分开来。这种区分对于希望组织这类对话活动的传播者而言具有重要意义。

如方框 4.1 所示，政策通报型对话的目的是促成不同利益攸关方之间的共识，为决策者统一提出建议。评价这种对话的效果主要是看对政策的实际影响。组织这种活动的科学传播者不仅应确保活动的过程是透明的，还应建立正式的机制，以确保活动的结果能够影响实际决策过程。科学传播者应该向与会者提供必要的信息和指导，以说服他们提供专门知识、为制定统一的建议做出贡献。

方框4.1 气候变化的政策通报型对话

在气候变化的讨论中,相关问题影响重大并具有政治内涵,充满了各种不确定性。科学无法在如此复杂的问题上提供任何准确答案。海平面的最终上升取决于人类的活动——因此也取决于各国政府目前和将来做出的政治决定。气候变化的不确定性超出了技术层面,还涉及价值判断:如何权衡国家的繁荣和利益、不同文化、子孙后代,以及物种的灭绝?

尽管存在这种复杂性,但还是应制定关于气候的国际政策,来综合考虑所有相关国家政府的不确定性、利益和价值观。这项政策的基础便是政府间气候变化专门委员会(IPCC)。IPCC包括来自世界各地的专家及高校、研究中心、企业、环境组织等机构的代表,总计数百名专家。他们并不以IPCC的身份开展研究,但会评估发表在科学期刊上的研究。

IPCC旨在推动各国在气候变化原因和后果方面形成共识,并努力寻找适应和减缓温室气体排放的机会。来自80多个国家的829名作者共同编写了2014年出版的"第五次评估报告"(气候变化的自然科学基础)。随后在全体会议上,来自198个国家的政府代表团核准并通过了该报告,包括供决策者使用的决策者摘要。会上,对这份决策者摘要逐句进行了讨论(并在必要时进行了修正),每个代表团都享有平等的投票权。

评估小组已在2017年9月举行的第四十六届会议上核准了第6个评估周期的纲要,并将于2021年最终确定。来自90个国家

> 的721名作者、审稿人、审稿编辑和政府代表受邀参加。大量专家和政府代表的参与可以尽可能地确保决策过程的合法性,有利于获得公众支持。尽管如此,IPCC还是受到了质疑:批评者称气候怀疑论者无法充分发声,而且整个过程过于烦琐,对公众不够透明。

非政策通报型对话或相互学习活动则侧重于交流想法和观点。学习需要一个安心的环境,让参与者能够平等而开放地进行对话。其目的不是达成共识,而是要迸发出不同的观点,促进相互学习。通过这类活动,公众参与者可以了解和研究技术的新发展及其社会影响,科学家则可以更好地理解研究成果将以怎样的方式在社会或日常生活中得到应用。通过这样的互动,科学家也被赋予了更大的社会责任。公众参与者也可以学会清楚地表达自己的想法,并在创新早期阶段从个人角度对创新的风险和收益进行评估。这样,对话有助于逐步界定和完善科学在社会中的作用。方框4.2介绍了一个非政策通报型对话活动的案例。

> **方框4.2 合成生物学对话**
>
> 合成生物学是一个新兴的科学领域。在这个领域中,从零开始制造或从不同物种中提取的DNA片段可以组合在一起,形成新的DNA结构。这样就可以创造出新的活生物系统,并且可以获得自然界中不具有的生物功能。合成生物学为医疗保健和可持续

能源等领域的创新描绘了美好的未来,但与此同时,它也可能对人类、动物和环境带来风险,并引发社会公平、自主性和身份认同等方面的问题,因此,合成生物学可能会遭到越来越多的公众争议。

民间团体关注的是如何处理各种潜在影响。合成生物学不是简单地从外界影响我们,而是一项人类正在发展的技术。要在此领域实现具有社会融合性的知识和应用,就需要不断地反思和对话,这样才能促进相关行为者及整个社会之间的相互学习,增加对未来情景及各种价值观和观点的了解。欧洲联盟委员会资助了一项相互学习行动计划SYNENERGENE项目,以进一步推动欧洲的科学对话。在此背景下,欧盟各地20多个科研院所、社会组织和中介机构联合起来,建立科学反思的机制、创建对话进程和平台,并在欧洲各地开展一系列反思和对话活动。

在2013年至2016年的4年中,SYNENERGENE项目引起了公众对合成生物学相关社会问题和社会影响的广泛关注。该项目组织了许多活动,就这一主题进行反思和对话,让各种利益攸关方和公民能参与进来。这些活动包括:①利用艺术、电影和戏剧活动让参与者思考合成生物学的社会和文化意义并引发对话;②为科学教育和非正式学习活动建立反思机制和资源;③为利益攸关方举办讲习班,以加强专业利益攸关方(例如科学家和决策者)之间的协调和互学互鉴。

4.5.3 相关公众

人们常常笼统地使用"科学"和"公众"这两个词，哪怕是本章也不例外，好像它们各自都是不可分割的、铁板一块的实体，但实际上并非如此。从学术争论中，我们看到所谓的公众是由不同的个人和群体组成的集合体，每个人都有自己的想法、价值观、评价标准和预先假设。事实上，即使一个人在试图对（社会）科学争议形成自身见解时，也会因相互冲突的价值观和观念而感到犹豫不决。由于棘手问题本身具有复杂、模棱两可的特性，对任何一个问题的不同观点都会被认为是极富有价值的。

美国哲学家和实用主义者约翰·杜威（John Dewey）在1927的论文《公众及其问题》（*Public and its Problems*）[13]中指出，公众不是一个给定的单位，而是由讨论的问题塑造的。公众不是由个体组成的永久共同体，而是当人们围绕某一特定问题进行讨论时聚集产生的。当人们受到特定社会发展的影响时就会产生受众。以人类乳头状瘤病毒新疫苗的推出为例，这种病毒会导致宫颈癌。一个12岁的女孩，她的父母、医生和教师，以及因宗教原因对接种疫苗持批评态度的人都与这种疫苗发生了对抗，并因此聚集在一起形成了公众。需要注意，这个群体的成员彼此之间可能是陌生人：即使他们在所讨论的问题上团结一致，但在许多其他方面仍然存在差异。

因此，科技社会对话的组织者需要通过设计各种流程，以务实的、机制化的方式组织公众，以便代表和突出他们的观点，因此，在设计对话活动时，应确保其能为那些直接或间接受到影响的不同公众提供表达观点的空间。公众可以包括拥有共同宗教信仰的人，也可以包括将遭受气候变化后果的年轻一代。

4.5.4 决策空间

近年来，公众参与和对话活动的重点已向上游转移到研究和创新的早期发展阶段。在研究早期需要对未来方向做出选择。在这一阶段，公众的看法不太可能已经固化为根深蒂固的冲突[11, 14]。可以说，研究和创新的早期阶段提供了一个极好的机会，使社会行为者能够参与到决策过程中，并引导科学技术向理想的方向发展。

然而，早期参与并不是万灵药，因为技术问题和社会影响在现实中存在大量不确定性。即使是专家也可能还没有意识到某项技术的存在，因此也就不太愿意参与相应的社会讨论。相反，在科技创新的晚期，相关科技可能已经在某些实践中得到应用，因此，此时唯一要做的可能就是讨论还需要满足哪些条件，以便进一步推广这些技术。这样就可能会引起公众的反对，因为人们觉得在早期未充分参与的情况下就要被迫接受这项创新。在创新的早期阶段和晚期阶段之间的紧张关系被称为科林格里奇困境（Collingridge dilemma）[15]。

争议性技术的公开辩论如果没有得到妥善引导，就会引起公众的愤怒。这方面有个典型案例，此案例是关于生物技术和转基因作物的公开辩论，尤其是从 1990 年至今在欧洲进行的相关公开辩论。欧洲的各种非政府组织反对转基因作物，因为没有让这些组织在早期阶段参与决策，由此产生的公众抵制导致 1998 年至 2004 年禁止在欧洲进口和销售转基因作物。

在技术开发早期阶段组织对话时，有必要邀请相关专家向与会者通报技术的可能性和局限性。这些专家可以对新技术的益处和风险进行评估，并提出替代方案。其他专家可以详细阐述可能产生的伦理或法律影响、个人困境或社会政治争议。

4.5.5 对话的条件

什么样的交流被认为是一种对话？令人困惑的是，对话一词既可以指两个或两个以上的人之间的互动，也可以指大规模的社会辩论，甚至科学和社会作为两个抽象实体之间的交流。无论如何，对话的核心是知识的交换而不是知识的传递。对话是指两个或多个人、机构或团体之间自由交流思想和意见，如"医生和患者"或"气候科学家和政策制定者"。对话的目标可以是增进相互了解，找到共同点，或找到解决社会冲突的办法。

关于科学与社会之间对话的许多观念都是建立在德国哲学家哈贝马斯（Habermas）的理论之上的：对话是一种交流行为，而不是为了实现目标而采取的战略行动；在这种交流行为中，社会中的行为者通过理性辩论、寻找共同点和推动合作来达成共识并协调行动[16]。理想情况下，交流不受权力关系的阻碍。与会者愿意分享和批判性地反思自己的假设，并在必要时加以调整。根据另一位德国哲学家伽达默尔（Gadamer）在1960年表述的观点[17]，交流是向他人开放的过程。参与交流即代表认为持不同观点的人都有权参与理性的讨论。

荷兰人文主义者斯马林（Smaling）[18]认为对话应满足以下条件：

（1）平等性：每个参与者都有权（在某些方面）界定要讨论的问题，提出问题，并参与讨论。

（2）相互信任和尊重：与会者假定对话伙伴是诚实的，在行为和语言中表现出对彼此的宽容，而这种宽容建立在"彼此不同"的基础上。

（3）相互开放和理解：与会者提供相关的知识、情感和不确定因素，并尽可能地相互理解，支持对方以尽可能好的方式陈述观点。

（4）论证性：与会者用可靠的论据证实他们的推理、理论、主张和意见。应避免在讨论中使用诡计和陷阱，例如应避免诉诸权威。

（5）反思性和评价性：参与者自我反思并根据上述条件评估对话的质量。

满足这些条件将增加对话的协作性质，让参与者在对话中能够相互学习，就共同问题进行协作性的讨论。这与科学传播中信息的单向传递形成鲜明对比，单向传递的目的主要是帮助公众获得新的见解。在科学对话中，科学家自己也可以获得新知。这种协作性塑造了与辩论完全不同的交流过程。在辩论中，参与者将试图说服对方，这在政治辩论中非常常见。辩论中会分出胜负。当各方意见不一致时，辩论能够让人们透析不同论点，并最终做出相应的政治决定。如果争论过于尖锐，也可能会增加解决问题的难度。

上述对话的条件对参与者要求很高，并不容易满足，因此，对话需要一个促进者或调解人，这便是科学传播专业者的用武之地。调解人的工作是创造一个令人安心的环境，让每个人都能自由分享关切和想法，同时还要对参与者进行必要的引导，让他们直面不同观点并勇敢发出自己的声音。调解人要确保对话涵盖所有观点和想法，同时自始至终都要保证对话朝着预期结果发展。通常这意味着必须打破传统的"专家-外行"关系。例如，在有患者参与的对话中，促进者必须注意传统上的医患关系或医学专家–外行关系可能带来的问题。

有趣的是，维护权力不平等的往往不仅是专家或研究者，还有外行人。传播研究表明，患者完全有能力对相关研究发表合理的见解，但他们并不总是能够有效地表达关切和想法[19]，因此，在与医学专家对话之前，最好先鼓励他们通过内部讨论形成清晰的观点。此外，在对话前或对话进行过程中，创造性地利用一些技巧和活动也可以创造平等、开放的对话气氛。

4.6 对话的实践

并不是所有人都认为对话活动应该是公开、平等的交流。在美国，对人类基因组相关科学活动的研究表明，科学传播的主流形式仍然是单方面向公众传递信息[9]。在发展中国家和多语种社会，为了有效组织科学与公众之间的对话，由于缺乏基础设施或政治意愿，要构建相关渠道和机制可能也存在很大难度。此外，科学家也可能会抵制在对话中纳入地方性或语境化知识，因为他们可能会认为这些知识挑战了科学本身的权威性和自主性[20]。

在本节中，在筹备或组织符合第4.5.5节所述条件的对话时，科学传播者如果希望促成与会者的相互理解并找到合理的解决方案，就应充分考虑一些现实因素。

4.6.1　对话的目标

科学和公共对话的参与者具有多元性的身份来源，可能是消费者、城市规划者和研究人员，因此，他们应当善于在日常生活和工作实践中进一步拓展科学见解并将其付诸实施。对话活动的组织者必须事先明确活动的目标，以及这个目标与每个参与者的关联。活动的目的是探讨参与者的不同观点，还是达成一项共同决定？如果所讨论的事项与不同参与者代表的专业群体或社会群体相关，则活动将更有可能在互动过程中和之后带来真正的改变。如果目标影响决策，就必须牢记决策结果的合法性、相关性和实效性。

4.6.2　信息的交流

对话本质上就是信息的交换。这意味着参与方既是信息的发送者又是信息的接收者（参见第3章），因此，参与者应该既愿意倾听，又愿意述说。对许多人来讲，倾听实际做起来并不容易。人们越相信自己的观点，切身利益越大，就越难放下自身的想法和观点，从而对其他观点敞开心扉。

调解人需要了解当事方可能具有的立场，并认识到传统上的专家-外行关系可能产生的不利影响。在这种关系中，外行主要是被动地听取专家的意见。例如，如果将一场关于医学基因组学的对话命名为"专家指导研讨会"，就很难避免传统的医患关系[21]发挥作用。更好的做法是，让患者能够预先相互分享和清晰表达他们的经历或观点，以便为积极参与对话做好准备；也可以邀请一位来自患者组织的"专业"代表来表达患者观点。如果再仔细推敲一下，可能会发现有些看上去不重要的问题也可能有助于加强参与感。在医院的诊室中，每天都是医生给患者进行诊断和治疗，患者的工作主要就是听，听不懂再问，但如果让医生去一个让患者感到安心的地方同患者进行交流，则这种常规的医患关系就会被打破。对话不是相互传递信息那么简单，不是双方自顾自地讲，每个人都应该能够提出感兴趣的问题，共同确定讨论的主题。此外，所有参与者都要做到真正意义上的彼此倾听。

4.6.3 主要参照系

在对话中，与会者就某一特定主题或问题交换意见。如何定义这个主题或问题取决于他们各自的参照系。有什么样的参照系就决定了提出什么样的问题，如何解释事实，讨论应当围绕什么样的核心利益和价值观进行。换言之，参照系定义了主题的边界，因此，对话设计基本上是一个政治进程[22-23]。讨论是否应主要从一个角度出发？每个人是否都有机会讲述自己的故事？在荷兰，医学专家曾主导了一些关于医疗问题的社会讨论，但由于这些活动用医学术语描述问题，不够关注卫生保健中的社会问题及患者和患者组织发挥的作用，遭到了社会发展理事会（Dutch Council for Social Development）[24]的批评。

科学技术对话的促进者可以决定讨论中应该关注哪些社会价值观和利益。可以调查一下人们对相关问题具有怎样的认识，并根据这些认识来定义问题。另外，对话的第一步可以是共同确定问题、建立共同点。要做到这一点，在讨论开始的时候应当从对这一主题的共同态度和共同紧迫感出发。

4.6.4 何人将受到影响

与相关问题有利害关系的各方都应参与社会对话。很难确切界定利益攸关方具体是谁[12]。因为，现阶段可能还不清楚某项技术未来将如何发展，以及何人将受到技术发展的影响。当少数人声音很大，但多数人保持沉默时，组织者应避免由少数人确定问题及其解决办法。医疗问题可以邀请患者组织参与，因为它们代表了直接受到技术影响的人，然而，患者组织可能有自身特定的期望，例如更加关注新的诊疗方案，而没有对整个社会公众进行更广泛的成本效益分析。组织者可以更多地代表缺席的大众。例如，组织者可以在讨论中扮演"唱反调"的角色，故意提出反论点，通过这种方式尽量涵盖所有意见。他们也可以邀请伦理学家和哲学家参加讨论，让他们代表缺席的公众或未来的利益攸关方。

4.6.5　对话的效果

要评价对话活动成功与否，一个重要标准是看事后产生的影响。对于非政策通报型的对话，预期的效果应主要体现在对参与者的改变上，即当他们回到日常研究、专业实践或日常生活中时，是否会表现出行为上的改变。这种变化通常很难追踪，但是可以分别在对话后和两个月后对参与者进行调查,询问他们有没有新的看法？他们在实践中是否有所改变？他们能解释自己的行为是如何改变的吗？此外，他们还可能感到更有能力参与今后的对话。例如，患者可能会说他们感到与研究人员或医生交谈的门槛降低了。同样，研究人员可能会表示，未来在撰写研究方案时，他们会更加考虑到患者的生活质量。

"学习者报告"或"学习进度报告"是一个有效的评估工具，可以让参与者反思他们从对话中学到了什么。在这里，参与者完成关于学习效果的填空题，以明确对话活动对个人的影响。除了这些改变之外，还可以看政策文件中是否有相应的明显改变或者是否引用了该对话活动，以此来衡量对话活动本身的效果。

4.6.6　调解人的作用

前面的五点说明了专业传播者在准备和指导互动过程中的重要性。传播者可以从多种战略角色中选择自身适当的角色（参见表 4.2）。传播者作为会议的主席，可以只采取中立的立场，确保所有参与者的参与，也可以扮演更为积极的角色或发挥领导作用，提出问题并引领讨论的走向，并在讨论结束后总结观点。如前所述，传播者也可以代表一个人或一群人。如果某一方不能出席，最好能提前决定是否扮演相关角色。在对话期间，"唱反调"的角色可以故意插入不同观点以增加互动。在这方面，传播者要明确地表明其意图，以免招致过多的抵制。为了促进相互了解，传播者需要澄清或重新表述参与者的观点，使其更明确易懂。例如，可以要求参与者进一步解释自己的观点，或揭示观点的前提条件。

表 4.2 传播者可发挥的作用

传播者的角色	说　明
中立的调解人/主席	组织与会者参与讨论，确保对话顺利进行；在讨论中不掺杂个人观点，也不提供任何反馈
积极的引导者/主席	介绍活动流程和与内容相关的信息，总结讨论，提出问题并提供反馈
有自身观点的引导者/主席	陈述自身对问题的观点并为自身辩护
访谈型主持人	向参与者提问，组织他们分享想法、经验或感受
唱反调者	通过刻意提出和维护相反的观点来增加互动
观察者	只观察参与者，不参加讨论

根据 Harwood（1998）[25] 整理。

表 4.2 列出了一系列角色供经验丰富的科学传播者选择，以增加活动中的互动。与此同时，活动的组织者通过选择合适的角色可以确保对话按照上述条件发展。角色的选择还取决于活动的目的是为了达成共识还是为了促进相互间的了解和共同学习。例如，如果选择做"积极的引导者"，便有助于帮助专家和其他利益攸关方达

成共识。要扮演好这一角色，可能需要掌握其他利益攸关方所需要的专家知识，同时了解他们的需求、知识和经验。科学传播者将这些知识传达给有关各方，以让他们共同构建新的知识并找到容纳所有观点的解决方案。墨西哥成功地使用了这样一种模式来解决环境问题，包括以可持续方法进行生态恢复[26]。

4.7 结论

为了找到许多社会、经济和环境问题的解决方法，科学家需要接受社会价值和观点。科学与社会之间旧的"契约"关系——科学向社会传递可靠的知识以换取自主权——已逐渐被具有透明性、参与性的互惠关系所取代。政策通报型对话应与促进参与者之间相互了解的对话区分开来。这种区分对评价对话活动的效果有重要影响，但这两种形式的对话都有助于提升科学研究和技术创新的可信度、合法性和影响力。

在实践中，组织一次平等、互信、尊重、开放、理解的对话并非易事，然而，如果能满足这些条件，对话将更具有协作性，将会更好地促进参与者在对话中的相互了解、贡献各自的知识并就共同问题发表见解。当今时代，我们的社会被迫面对越来越多难以界定的"棘手问题"，科学也受到了来自现实生活和专业实践领域的各种质疑。在这种背景下，将可靠知识与社会责任相结合才是解决问题的关键。

第 5 章

非正式科学教育

5.1 导言

对科学的学习贯穿人的一生,可以在任何地方进行。学校组织的科学学习活动就是所谓的正式科学教育。学校系统之外的科学学习活动则被称为非正式科学教育。许多科学学习活动其实并不与学校挂钩[1],而是在科学博物馆、科学节、动物园和自然公园等环境中进行(非正式科学教育也可以通过广播、电视和互联网等媒介进行,例如慕课。本章重点关注面对面形式的非正式科学教育)。这些机构也建立了相应的非正式科学教育部门。

非正式科学教育主要是为了激发受众对科学的兴趣,增强与科学有关的知识、推理能力和技能,促进对科学的认同感。这种认同感包括对科学方法的积极态度和参与科学讨论的能动性[1]。

当前,经济和社会结构日益复杂,许多问题都与科学技术密切相关。这些社会趋势推动了对非正式科学教育的需求和兴趣。在此背景下,人们需要新的技能和知识才能发展自身。其中有些新技能和新知识领域在正式教育系统中涵盖不足,如处理大量信息流的技能、批判性思维、团队合作,甚至包括创造知识的能力和创造力[2]。

此外，欧洲愿意从事与科学相关职业的学生人数正在下降[3]。考虑到这两点，专业人士和政策制定者都希望通过非正式科学教育寻求出路。

非正式科学学习的重要性体现在几个方面。首先，成年人参与非正式科学学习的动机往往是个人在日常生活中对信息和专业技能的需求。第二，非正式科学学习也可能是由兴趣驱动的，有些人喜欢在科学博物馆、科学中心、科学节或公民科学项目等多种场合中学习更多的科学知识。第三，非正式学习机构有时可以提供学校无法提供的体验（例如在动物园里看到活的动物或遇见科学家）。在学校科学教育发展较为落后的国家中，非正式科学教育活动可作为青少年学习科学的有效途径。第四，一些非正式科学教育项目的出发点是希望年轻人能够通过这些经历对科学和相关职业产生兴趣。此外，学校科学教育中有时还会存在一些枯燥和过时的内容，而非正式科学机构则可以激发人们对科学和技术的兴趣，避免学校科学教育中可能存在的负面体验[4]。最后，人们希望通过非正式科学学习掌握一些必要的科学知识，以便参加关于科技问题的民主讨论，例如讨论应该允许或禁止发展什么样的科学技术、应该朝什么样的目标努力等。参与这样的民主讨论也是非正式科学学习的一种动机，只是相对少见而已[5]。

非正式科学教育是科学传播的子领域。为了更好地理解非正式科学教育，本章介绍了非正式科学教育是什么及与正式科学教育的区别，同时还介绍了非正式科学教育的优势和特点、相关理论及目前社会上与此领域相关的讨论。此外，本章还将列举以非正式科学教育机构为核心业务的机构案例。

5.2 正式和非正式科学教育

非正式科学教育和正式科学教育都属于科学教育这一范畴。后文会详述二者之间的区别。虽然将二者完全区分开来可能有一些人为的痕迹，但考虑一下两者之间的差异是有意义的。正式科学教育是指在学校系统内以标准、课程、教案和测试等一系列条件和准绳进行的科学教学。这个系统之外的科学学习就是所谓的非正式科学教育。有一些非正式科学教育是自发的，例如在网上查阅一种新型饮食是否有利于健康、在家中收看自然纪录片，或者阅读报纸、科学杂志上关于医学突破的文章。人们还可以在博物馆、科学节、植物园、动物园、水族馆、自然中心或科学咖啡馆、公民科学项目或课后俱乐部等专门场合中体验非正式科学教育。

非正式科学教育的重要特征包括：

（1）往往以自愿参与为基础；

（2）提供与其他参与者进行社会互动的机会；

（3）以学习者为中心，将科学知识与个人兴趣结合起来；

（4）缺乏正式的评估体系。

相比之下，正式科学教育的典型特征包括：

（1）强制参与；

（2）正式体系；

（3）按照课程安排学习进度；

（4）通过测试和分数进行正式评估。

表 5.1 展示了一个年代较早但广为接受的特征总结，可以用来区分正式科学教育和非正式科学教育[6-7]。

表 5.1 正式和非正式科学教育之间的差异

正式科学教育	非正式科学教育
强制性	自愿性
结构化、序列化	无结构、无顺序
有评估	无评估
封闭式	开放式
教师主导	学习者主导
以课堂和学习机构为基础	不在正式学习场景
以课程为基础	非课程化
较少出现意外结果	许多意想不到的学习结果
社会因素不明显	社会因素发挥着关键作用
可实际测量学习效果	无法直接测量学习效果

根据 Wellington（1990）[7] 和 Hofstein & Rosenfeld（1996）[6] 整理。

当然，正式和非正式科学教育之间的区别在实践中可能并不像表中描述得那么清晰。正式和非正式科学教育通常由专业人员（教师和非正式科学教育工作者）来组织。他们在做出决策时会考虑各种影响（包括本章后面提到的理论上的影响）。在这两种情况下，都会为学习者提供不同层次的学习体系和学习范围，让他们决定想要做什么、想要学什么。

混合学习体验在很多方面是正式和非正式科学教育的融合。例如，教师可以在课堂上组织工作坊，以作为正式课程的一部分。这种工作坊可以以学习者为中心，进行所谓的自由选择性学习，以实现他们各自的学习目标。实地参观科学博物馆则介于正式和非正式学习之间。如果这种参观有充分的规划，并且大部分活动在一个单独房间里进行、遵循严密的流程，则这个活动看起来就很像正式的科学教育。现实中，不同场景的学习是一个不断累积的过程。每一次学习机会，无论是在学校里还是在厨房的餐桌上，都对科学学习有所助益。

无论是正式还是非正式的科学教育，学习都是核心目标。本章对学习的定义不仅包括获得科学知识，也包括更广泛的结果，例如学习兴趣的增加和态度的转变。正式科学教育的重点是获取知识和技能，而在非正式的科学教育中，通常更多地关注如何提高对科学的兴趣、培养积极的科学态度和改变行为，学习成果更多以个人发展和成长为导向，因此，非正式科学教育特别适合作为正式科学教育的补充，然而，要测量对兴趣、态度和行为的影响要比测量知识和技能的习得困难得多。这是因为，后者的变量更加稳定，而对于非正式学习而言，在参观或互动之外还有许多其他因素可能会产生影响。

为了描述和衡量非正式科学教育所产生的范围更广的学习成果，一些组织制定了（非正式）科学教育学习框架[1, 8-9]。例如，根据美国国家科学基金会（NSF）的一份报告，科学学习应该包括科学知识、对科学的兴趣、对科学的态度、行为和技能[8]。

这份NSF报告指出，科学知识维度包括对科学的主题、概念、现象、理论、职业的理解。兴趣维度也很重要，因为当人们对科学感兴趣时，就会想了解更多，或者对科学发展持更积极的态度；对科学感兴趣还可以促使人们追求科学事业[10]。对科学的态度包括对科学相对稳定的感情、信念和价值观等[11-12]。科学学习也可以带来行为上的改变。例如，一次学习经历可以促使某人开始循环利用垃圾或开始健康饮食，尽管学习与行为改变之间的联系可能非常微弱[13]。最后，科学学习可以包括习得与科学有关的技能，例如，提出科学假说、使用显微镜等研究仪器、使用计算机软件和应用数据分析等[8]。

在正式和非正式环境中组织学习，可以采用探究式学习的方法。探究式学习是发现新因果关系的过程，是一种广受好评的学习方法。学习者提出假设并通过实验和/或观察进行验证[14]。参与者可以通过观察、假设、收集数据、讨论发现和得出结论来获得科学知识和技能。这是科学发现过程的理想模式，理解这一模式是科学学习的重要组成部分。探究式学习之所以有效，是因为当学习活动源于学习者自身兴趣，并且当它回答了自身问题时，学习起来就会倍感轻松、更有热情[15]。方框5.1介绍了一个在科学博物馆进行探究式学习的案例。

方框5.1　始祖鸟会飞吗？

哥本哈根的丹麦自然历史博物馆为高中生（16～18岁）组织了一个关于古生物学的学校项目，名为《进化：从恐龙到鸟类》。该项目包含探究式学习内容，其中包括一个40分钟的练习，要求学生将现代鸟类骨骼和始祖鸟化石模型进行比较。同真正的进化科学研究一样,学生会去观察骨骼的异同,而这些异同则可以帮助解答相关的进化问题,并建立恐龙和鸟类之间可能存在的联系。

学生们四人一组,观察乌鸦、鸽子或海鸥的骨骼和始祖鸟化石。整个活动有一个总的研究问题作为引导:始祖鸟会飞吗?除此之外,各小组可自行决定如何解决这一问题。他们仔细观察了现代鸟类骨骼和化石铸件之间的异同。研究问题引导学生遵循科学研究的步骤不断推进:首先提出假说,仔细观察羽毛大小、翅膀面积和是否有爪子等细节,然后对其进行比较,讨论调查结果,并得出结论。

针对这项练习的研究表明,在超过一半的小组中,学生们能够像真正的古生物学家一样工作和思考。对这些骨骼和化石铸件的观察及对"始祖鸟会飞吗?"这一研究问题的把握显然有助于学生们掌握科学方法[16]。这意味着学生们确实能像科学家一样工作,并且通过这种基于探究式学习的特殊练习学到了与科学相关的技能。在这个例子中,学生在项目、对象或研究问题方面没有选择的自由,但他们可以自行决定如何进行研究。

另一种习得科学相关技能的方法是基于设计的学习(Design-Based Learning,例如动手课或创客教育的形式),这种方法在过去十年中迅速普及,特别受图书馆、课后科学俱乐部和博物馆等非正式场所教育工作者的青睐。在动手课或创客空间中,参与者给自己设置挑战目标,利用特定创客空间中提供的材料和工具(如纸板、传感器、电池、热胶枪、3D 打印机）解决自己提出的问题[17]，因此，该活动往往是由学习者驱动的，让参与者在实践中学习[18]。

为了了解动手课或创客空间中的学习行为，旧金山探索馆对地面动手工作室中的参与者进行了考察，并制作了相关视频[17]。对这些视频资料的分析凸显了学习的 4 个维度：投入（开始做任务）；能动性（设定目标并努力实现）；社会支架（愿意帮助在场的其他人）；认知发展（了解发生了什么并为实现目标而努力）。这些行为表明创客教育作为一种科学学习形式具有相当大的潜力。

5.3　非正式教育的力量

非正式科学教育具有独特优势，可以帮助年轻人和老年人获得新的科学认知。非正式科学教育的普遍特征是可以提供所谓自由选择性学习的机会[19]。尽管非正式科学教育中的许多选择受到机构或参与者个人背景的限制，但参观者在决定参观什么、参加哪些活动、观看哪些项目、获得何种体验等方面还是具有更多的灵活性[15]。这种相对灵活的方式可能有助于参观者获得更为个性化的学习体验。由于参观者可以做出更多的选择，所以可以得到与他们的生活和兴趣相关的体验。与个人的相关性和个人兴趣均会影响学习者的注意力、学习目标和学习水平[10]。与不感兴趣的人相比，对某一特定主题感兴趣的人通常会获得更好的学习成果，在遇到困难时表现出更高的毅力，并且学习也会更加深入。

在参观博物馆和动物园等非正式学习场所时,由于许多人形成了一个参观团体,因此参观者可以进行非结构化的社会互动,这也是非正式学习场所的一个特征。参观期间,人们在与小组成员和机构工作人员交谈和协作的同时进行学习[13],这种方式会对学习产生积极影响[20]。

此外,参观者还会看到真实的物体、真实的现象、真实的科学家和真正的科学[21],这都是非正式教育的优势。人们参观非正式科学机构是为了看到真正的东西[22]。许多博物馆教育工作者认为,提供这些真实的体验非常重要。有证据表明,真实的物体可以激发兴趣,令人惊叹,从而引导人们主动学习[23-24],然而,使用实物的教学和使用模型的教学哪一种更为有效?很少有研究对二者进行系统性的比较。此外,参观者通过科学节、科学咖啡馆、研究所开放日或公民科学倡议等活动,可以与真正的科学家互动并参与真实的科学研究。这些经历都会影响参与者对科学的认知[25-26]。

5.4 非正式学习实践的指导理论

尽管非正式科学教育的研究不断发展壮大,但在现实中,非正式科学教育的理论却很少体现在相关实践中。非正式科学教育工作者显然需要更好地将理论与实践结合起来。国家科学院针对非正式环境中科学学习的报告[1]中也提到了这一点:

学者、教育工作者等跨学科群体对非正式环境中的科学学习理论和实践有着共同的兴趣,然而,这一领域有待建立共同语体系、价值观、假设、学习理论和证据标准,只有这样才能在这一领域发展出更有凝聚力和指导性的理论与实践。

虽然社会学和心理学等领域的理论逐渐在非正式科学教育研究中得到了更多应用,但该领域提出的模型往往只提供了理解非正式学习的基本范畴。例如,Falk & Dierking 提出的[27]的学习情境模型确定了形成和影响非正式环境中学习体验的3种情境:个人情境、社会文化情境和空间情境。图 5.1 显示了3种学习环境的概述。

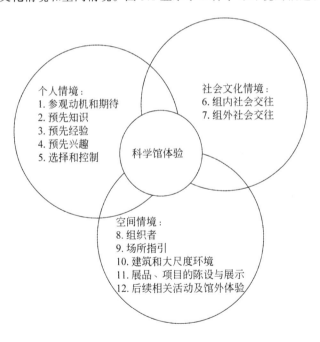

图 5.1 Falk 和 Dierking 的学习情境模型[27]

林恩·迪尔金（Lynn Dierking）和约翰·福尔克（John Falk）提出了3种共同构成博物馆体验并影响学习过程的情景。

第一，参观者的个人情境很重要。他们通过参观想要获得什么、了解什么、体验什么？他们对自己的参观体验有多大的把控度？在这种情况下，兴趣、动机和期望都是重要因素。第二，社会文化背景包括参观者与谁一起来，讨论什么，以什么方式讨论，在朋友和家人之间及与其他参观者和导游之间进行了怎样的互动。社会文化情境还包括参观者的社会背景，因为社会背景将影响他们的学习方式和内容。第三，空间情境适用于参观体验的空间，例如建筑、活动，甚至参观之前或之后进行的与非正式学习体验相关的活动[27]。

在 Falk 和 Dierking[27] 看来，为了在每种情境下给参观者带来良好的体验，非正式学习活动的组织者需要做出不同选择。在个人情境中，非正式学习体验应该与个人经历和期望联系起来。组织者必须了解学习的过程具有什么样的特点。另外，组织者还要将参观体验与参与者的兴趣点联系起来，以提高他们的积极性。在社会文化情境中，组织者可确保在学习活动期间参观者有足够空间进行社会互动，并与他人共同学习。博物馆中有些展品会要求参观者之间进行协作，以这种方式刺激参观者之间的互动。在社会文化情境中，还需要确保各种体验适合具有不同文化背景的人。最后，在空间情境中，需要利用空间引发学习兴趣，或者至少不要抑制学习兴趣。例如，确保参观者在空间中感到身心舒适，可以轻易找到洗手间，找到易于实操的展品，了解博物馆中各个展厅的位置等。空间情境也包含馆外体验。

学习的情境模型在传播学、心理学等其他学科中已经有相对成熟的理论[28-29]。许多非正式科学教育工作者发现，在非正式学习的背景下来阐释这些概念同样是有意义的。其他学科的理论观点往往对于不同情境内部的重要因素具有更深的解释力，如下文所述的维果茨基（Vygotsky）关于社会互动的学习理论。尽管福尔克的主要兴趣点仍然是研究非正式科学参观体验，但其他研究者认为非正式科学教育应该聚焦参观者的生活，考察他们在生活中如何结合不同的学习体验有所改变，因此，相关教育工作者不应忘记，非正式科学教育还可以借鉴社会学、心理学和传播学的大量理论和研究[30-31]。虽然非正式科学学习缺乏统一的理论，但依据相关学习目标和特点，不同的理论都可能对非正式科学学习实践有指导作用。

5.4.1 相关学习理论

从 20 世纪初开始，多种学习理论至今仍影响着人们对学习的看法。这些理论大致可以分为 3 个视角：行为主义、认知主义和社会文化理论[1]。行为主义的支持者将学习定义为行为上的改变。他们关注的是学习者在学习活动结束时能做什么。在这种观点中，学习是一个奖励正确行为和劝阻其他行为的过程。认知理论是建立在皮亚杰（Piaget）和奥苏贝尔（Ausubel）的研究[32-33]基础上的。认知理论更多地关注知识结构的构建。预先知识的影响起着重要作用。当学习者获得新的信息时，他们会尝试将其与他们已经具有的知识或能力联系起来。社会文化理论则是建立在班杜拉（Bandura）和维果茨基（Vygotsky）的研究[34-35]基础之上，也强调人们如何在现有知识基础上进行学习，同时强调学习的社会维度，也就是说学习者的社会环境非常重要。个体的学习受到同学和老师的影响，也受到过去互动关系的影响。这种途径强调学习应通过明确的指导、观察和模仿进行。

对于非正式科学教育实践者来讲，最相关的理论当属认知和社会文化理论。这些理论阐述了体验、行为和互动等重要概念[1]。在非正式学习环境中，可以通过精心设计的活动提高参观者的积极性。此外，参观者的预先知识对非正式学习体验也有重要影响。人们对某一主题的了解会影响他们在参观博物馆或动物园时对新信息的获取方式。此外，社会互动在非正式科学教育中也发挥着重要作用，维果茨基的理论在非正式学习中的应用就印证了这一点。

在社会文化学习理论方面，著名心理学家维果茨基（Vygotsky）的研究[35-36]表明人的思维、记忆、想象和注意力是从社会互动中发展出来的，而不完全是天生的（参见 Vygotsky & Luria 在 1994 发表的观点[36]）。维果茨基的理论对非正式学习有重要的启示。它强调了学习促进物（无论是人、物体、信息板、视频等）在吸引参观者注意、引导学习方面所起的重要作用。根据这一理论，非正式学习机构应侧重于提供学习的理论工具，使参观者能够自行获取知识，而不是被动获取知识。换言之，这种学习理论模式将非正式科学教育工作者视为工具的制造者。他们需要设计最有效的概念和理论，然后将这些工具提供给参观者，参观者则利用这些工具提升自身的学习水平。在这个过程中，经常使用的一个比喻是"支架"（scaffolding），强调为学习提供结构性、社会性和理论性支持的必要性。方框5.2阐述了实践中支架的应用案例。

> **方框5.2　儿童动物园学习案例**
>
> 　　伦敦动物园中进行的注释绘图研究表明，维果茨基的学习模型和支架在非正式科学学习中具有实际应用效果[37]。教师或动物园工作人员为学生（7～14岁）提供有效的社会学习条件，让学生亲自观察动物种类的多样性，让他们体会到动物种类可能比之前想象的要多得多。即使只提供有限的学习支架，也能看出这种学习成效，特别是当孩子们的兴趣超越了狮子和北极熊等有吸引力的哺乳动物物种，转而开始关注其他动物时。
>
> 　　在这项研究中，有证据表明动物园里的教育工作人员比学校老师更能为学童提供学习支架。他们在动物园的特定情境中，通过提供相关概念资源来帮助孩子们了解动物园里的动物与遥远栖息地的野生动物的关系。根据Vygotsky的理论[35]，通过提供学习支架帮助儿童在对动物及其栖息地既有的知识基础之上获得了新的知识。换言之，随着学习者深入了解与动物园体验相关的科学概念，动物园的教育工作人员便能扩大这种非正式科学学习体验所带来的影响。

5.4.2　与身份挂钩的动机

除了观察非正式环境中的学习过程外，还应考虑吸引参观者来学习的因素是什么。他们的动机可能会影响行为和学习过程[13, 38]，在设计非正式学习体验时应予以考虑。非正式科学体验的参观群体往往有不同来源；许多不同类型的人会来这里参观，因此，应当为不同的参观群体提供不同的体验。福尔克（Falk）[39]归纳了五类与身份挂钩的动机，认为动机取决于参观者的身份。这五类身份分别是探索者（explorer）、协助者（facilitator）、体验寻求者（experience seeker）、专业或业余爱好者（professionalorhobbyist）和思考者（recharger）。福尔克认为这五类身份不是一成不变的，而是取决于具体情况。

根据福尔克[39]的理论，探索者受好奇心驱动，喜欢发现新事物，希望学习及了解各种各样的题。他们大多比较关心自己的体验，但并不那么关心其他参与者的体验。相反，协助者的动机是满足身边人的需求，通常是他们的子女或孙子辈，希望孩子度过愉快、充实的时光。对他们来讲，参观的重点是让他们的孩子有最大的收获。专业或业余爱好者包括对某一主题有较高知识水平的参观者，希望通过参观博物馆继续深化知识。也就是说，这类参观者的动机与爱好和职业相关，因此必须有足够深度的内容才能满足他们。福尔克将体验寻求者定义为通过参观博物馆来获得某些体验的参观者，即获得一种"去过哪里，做过哪件事"的满足感。最后，根据福尔克的分类，思考者是那些想在安静的地方观看、思考和反思某个事物的人。

福尔克淡化了他所谓的"大"笔者身份的重要性，例如年龄、地理、种族和社会阶层等人口特征。相反，他认为参观者的动机类别更为重要。此外，他承认有一些改变的潜力。一个家庭中可以有多个体验寻求者，参观时他们各自追求自己想要的体验；家庭中也可能有希望为孩子提供良好体验的"协助者"——父母。一个人可能某天有某种类型的动机，第二天又带着完全不同的动机回到同一个博物馆或活动中去。福尔克[39]认为，动机的类型会影响人们在参观期间的行为，对学习产生长期影响。

然而，福尔克[39]与身份相关的动机受到了一些批评。道森和甄森（Dawson & Jensen）[30]质疑了一般的观众细分方法。他们认为福尔克与身份相关的博物馆参观动机模型是有问题的。他们认为研究应该将博物馆参观置于个体生活环境、关系和轨迹的整体长期框架内，而不是将参观者归为5个动机类型，因为这没有考虑到非正式学习体验的复杂性。无论福尔克的参观者分类是否被接受，将参观者的动机纳入考量范围显然可以改进非正式科学体验的设计，提升其有效性。

5.4.3 社会包容和公平

非正式科学教育领域的另一个重要问题是社会包容和公平问题。哪些人有机会获得非正式学习机会，哪些人无法获得非正式学习机会？事实上，非正式科学教育中的社会不平等是长期存在的，社会背景更优越的人有更多机会参与这类体验[40]。此外，有证据表明非正式科学教育工作者对参观内容和结构无意中的设计也更有利于经济和教育背景更为优越的人[41]。

绝大多数非正式科学教育组织和项目服务于白人、中产阶级或上层阶级、受过高等教育的受众[42],但即使能够吸引更多不同的参观者,非正式科学机构的项目和展览可能也无法令新的受众满意,因为他们对科学学习有特定的文化观念。有些人可能并不认为这些机会是为他们准备的,因此也不会来参观[41]。

为了提升非正式科学教育的包容性和公平性,道森(Dawson)[42]提出了一个由3个维度组成的框架。第1个维度,需要考虑基础设施准入性(Infrastructure Access),既要考虑地理位置和入场费,也要考虑市场营销、雇用人员和项目开发的问题。第2个维度是文化水平(Literacy)及对参观规则和博物馆本身的理解(例如,了解如何参观互动型科学展品)。第3个维度是群体接受度(Community Acceptance),需要开始接受那些很少来参观的受众,让他们也有受到欢迎的感觉。非正式科学机构和项目应该致力于3个维度方面的包容性和公平性,以在真正意义上为所有公众提供服务。

法国社会学家皮埃尔·布迪厄(Pierre Bourdieu)的实践理论(Theory of Practice)可以帮助我们在社会不平等问题的背景下理解博物馆和其他文化机构(包括非正式科学教育机构)的作用。这一理论有助于解释为什么尽管各国政府和机构努力创造更加平等的社会,不平等却仍然存在[43]。布迪厄的文化资本(Cultural Capital)概念是指一种非经济性的资源,即与经济地位和文化水平相关联的知识、习惯、兴趣和行为的集合体。这种资源主要通过家庭传承,例如从父母传给子女。这一资源可以用于区分不同类别的人,将教育程度较低或文化程度较低的个人排除在外。这一理论和文化资本的概念在非正式科学教育中具有重要的应用价值,有助于理解如何确保非正式科学教育不具有排他性。

在此领域，阿切尔（Archer）[44]最近提出了科学资本（Science Capital）的概念。与文化资本一样，科学资本可以用来将社会中的"我们"与"他们"区分开，然而我们需要铭记，"整个社会存在着一种系统性模式，这种模式再现了极不平等、不公正和排他性的社会关系，哪怕阻碍文化参与的经济障碍似乎已经得到解决（如允许参观者免费进入博物馆和画廊），这种关系也仍然存在"[45]。这意味着非正式科学教育工作者必须加倍努力，以避免相关机构仅仅成为这个更大的不平等体系中的一部分。例如，如果社会中条件更为优越的人更容易获得非正式科学教育，或者非正式科学教育的组织方式只有利于高知父母的孩子，就可能会加剧社会不平等。如前所述，现在人们更加关注如何让参观意愿不强的人也参与进来。在西蒙（Simon）[46]看来，非正式科学教育机构要建立与社区的联系，并设计所有人都能理解且易于获得的参观体验。

5.5 非正式科学教育实例

基本上，学校系统之外的科学学习体验或活动可以归为非正式科学教育。非正式科学教育大致可分为三类：日常环境体验、非正式科学教育机构体验、有组织的非正式科学教育项目[1]。

日常环境中的非正式科学教育可以有多种形式，并且常常不是以学习科学为具体目标的。日常环境中的科学教育来源包括广播和电视节目、科学相关网站、科学博客、书籍或杂志、社交媒体及智能手机或平板计算机应用程序。其中,互联网和社交媒体领域的技术进步使人们能够随时随地随手获取科学知识(由于本章侧重于非正式科学教育的面对面形式,这一类非正式科学教育将不再作进一步阐述。)。

非正式科学教育机构包括科学博物馆、动物园、科学中心、图书馆、国家公园和自然中心。这些机构往往是以非正式科学教育为主要目标建立的。参观者通常可以相对自由地选择在这些机构内做什么。在所有非正式科学教育机构中,科学博物馆和科学中心发挥着重要作用。20世纪70年代中期,科学博物馆的功能从传统上以实物为中心的遗产保护转向更具互动性的展览设计。与此同时,许多博物馆扩建了专门的教育部门。为了有效满足日益多样化的观众需求和现代社会的要求,博物馆希望进一步提高公众参与程度,并在设计公众参与方式方面进行大量投入。例如,通过实操性的科学展览,科学中心越来越注重探究式学习及创客教育,以此提高受众的参与度。

第三类是有组织的非正式科学教育项目,其目标是向人们传授科学知识或激发对科学的兴趣,就像非正式科学机构一样。这类项目包括科学俱乐部、科学节、科学机构开放日、讲习班、讲座系列、科学咖啡馆和科学辩论。公民科学(Citizen Science)是一种有组织的非正式科学教育项目,在过去10年中发展迅速,受到越来越多的欢迎和关注。

公民科学这个标签适用于那些以教育成果为导向、公民在自愿的基础上以各种方式积极参与的科学项目。例如，参与者可以进行测量、收集数据或分析数据[47]的项目。有些公民科学项目会要求参观者观察和统计不同的动物或植物，如鸟类计数、蝴蝶计数，或报告特定植物第一次开花的时间。还有一些在线项目，由参与者来分析那些对计算机来讲过于分散、过于耗时或者过于复杂的数据，例如对星系进行分类、分析恒星的光变曲线或者探测系外行星。除了较为常见的数据收集和数据分析项目外，还有一些项目让公民参与科学研究的规划和发展阶段。在公民科学项目中，数据收集和分析的科学目标与非正式科学教育目标相结合。后者往往是为了帮助公民接触、了解和积极参与科学研究。

尽管公民科学并不是一个新鲜的概念，但它作为一个领域在过去几十年逐步成长壮大起来，其中一部分原因是智能手机和互联网等技术为交流和分享数据提供了便捷。目前，在公民科学内涵界定方面，已经形成了一些总体原则[48]。这些原则包括应让公民参与真正的科学项目，共同创造新知识；科学家和公民都应以某种方式从项目中受益；公民做出贡献并获得相应的反馈，其做出的贡献在成果和出版物中应得到承认。

邦尼（Bonney）[47]将公民科学项目分为三类。在占比最大的"贡献项目"（Contributory Projects）中，由科学家提供研究框架，参与者提供数据或分析结果。这类项目包括鸟类计数、水质项目及在线分析项目，例如通过摄像头陷阱图片识别动物。"银河动物园"（Galaxy Zoo Project）就是现实中的一个贡献项目，参与者在该项目中识别星系的在线图片。

在"合作项目"（Collaborative Projects）中，参与者还参与科学过程的其他步骤。他们可以参与解释数据、得出结论或传播数据。美国的水质项目蓝藻监测合作项目（Cyanobacteria Monitoring Collaborative）就是一个代表。参与者收集有关蓝藻水华的数据，参与分析这些数据，并预测何时何地会有蓝藻爆发。该项目研究结果可为在地方和全国范围内采取措施提高水质提供参考。

最后，在"共创项目"（Co-creative Projects）中，参与者与科学家一起行动，参与科学过程的所有阶段，从提出研究问题、制定研究方法，到收集、分析和解释数据。方框5.3阐述了一个共创项目的例子。这样的共创项目很少，但能让公民和科学家之间进行真正的合作，让各方之间能够相互学习，并考虑地方性知识。这类项目中的研究问题往往是从人们的日常生活中产生的，例如，在离污染场地很近的社区菜园里种植蔬菜是否安全？科学家通过协作共同为公民提供收集和分析数据的严谨科学方法。

方框5.3　公民检查空气质量

文字来自于以色列理工学院科学传播研究员 Yaela Golumbic

"感知空气"是一个非常强调共同创造的公民科学项目。它本是欧洲FP7项目CITI-SENSE的7个案例研究之一，目的是开发基于传感器的公民观测站。"感知空气"旨在通过志愿者的积极参与，收集和分析空气质量数据，以促进空气质量的相关研究。

该项目通过一个清晰简单的在线平台，提供从项目传感器和官方政府监测中获得的实时空气质量信息，令普通人也能便捷地获取空气质量数据。

该项目体现了公民科学对开放参与的注重，为参与者提供了小型移动传感器，以进行个人空气质量研究。参与者使用这些设备来测量当地环境和特定场所（如自己家、学校和办公室）的空气质量，并探讨和自身日常生活相关的空气质量问题。这类问题包括：我家哪个房间最洁净？我今天应该打开婴儿房的窗户吗？我该走哪条路送我的孩子去学校？

该项目的参与者体现了参与"感知空气"的若干动机。其中包括希望了解周围空气质量状况的忧心忡忡的居民，寻找科学依据以支持其社会行动的活动家，以及那些希望让学生参与真实调查的教育工作者。

一项研究[49]显示，学生在参与非正式科学学习项目后，对空气质量的理论知识有所提高，对科学实践的理解有所增加。科学参与还提高了学生对环境的认识，特别是对空气质量和空气污染问题的认识，然而，这些收获仅限于在参与过程中与学生讨论的主题，并没有扩展到对科学实质的深层次理解。如果能让学生长期参与项目，更加强调科学的实质，设置更高层次的认知目标，就可以进一步促进批判性思维和对科学的整体认知。

公民科学项目不仅有助于科学和研究，也为非正式科学教育提供了难能可贵的机会[47]。参与者通常出于个人兴趣加入这些项目，希望对一些科学问题有所了解。同时，有时参与者在不知情的情况下获得了科学发展中的新知识和新技能，因为他们亲身参与了科学发现的过程。此外，公民科学项目有助于培养对科学的兴趣和参与感。

5.6 结论

非正式科学教育是一个丰富的实践领域，其知识内涵还在不断拓展[50]。与正式科学教育不同，非正式科学教育是在学校系统之外进行的。非正式科学学习的定义相当广泛，但一般而言，是以获取知识和技能、培养兴趣、改善对科学的态度和改变行为为目标的活动。

为了进一步释放非正式学习的潜力，教育工作者需要考虑若干问题。第一，在参与者自由选择和对参与者进行指导之间应该找到一个平衡点[51]。第二，非正式科学教育工作者需要具备相关知识和技能，以便有效地引导参观者。在非正式科学教育中，教育者要努力倾听参观者的意见，以帮助他们在个人兴趣和好奇心的基础上进行学习。具体而言，在探究式活动中，工作人员要为参与者提供一些有效的学习引导[52]。此外，非正式科学教育机构在社会包容性和公平性上仍然存在严重欠缺，这些问题都有待解决。

非正式科学教育具有促进终身学习的潜力,这一点正日益得到认可。非正式科学教育工作者有必要学习相关理论、熟悉正在进行的研究,以便获得新的技能和知识,来磨砺他们的实践、增强相关活动的影响力。

第 6 章

科学新闻

6.1 导言

说到科学新闻，我们首先想到的一般是报纸和杂志，然而对很多人而言，电视、广播及与他人的交流也是科学信息的重要来源。虽然并不是所有的科学传播都需要科学记者，但在上述例子中许多易于获取的科学信息是由科学记者提供的。

在科学技术尤其是通信技术日新月异的时代，科学新闻发挥着重要作用。无论是通过个人经验或交流还是通过社交媒体、大众媒体，接触科学问题的方式都会影响人们对这些问题的思考，因此，需要关注人们了解气候变化、基因改造和疫苗接种等问题的方式[1]，以及向公众提供高质量的科技信息也是至关重要的[2-3]。

但科学传播不仅是发送信息这么简单。当今时代，媒体让所有人都有参与讨论和辩论的机会。媒体还让许多事情变得更加透明，例如科学家之间的互动，无论是消极的还是积极的互动。此外，媒体让科学信息的发布变得更加容易，许多科学家也开始拿起笔向外传播科学信息。

数字通信让人们能够通过各种途径传递信息。今天，获取科学信息不再只依赖大众媒体，也不像从前那样必须通过科学记者来了解科学的新突破。人们可以在互联网上搜索感兴趣的科学问题，可以阅读博客、查看著名意见领袖的微录，如果愿意还可以自己发布相关信息。互联网和社交媒体的兴起极大地增加了可获得的信息量，也催生了提供这些信息的平台，然而，一方面人们随时可获取大量信息，另一方面平台的多样性又减少了个人接触特定领域信息的机会。

因此，这是一个科学新闻变革的时代。当今，科技发展迅速，值得新闻工作者密切关注并对其进行恰当解释。媒体为科学家提供了与公众充分互动的机会。本章将描述科学新闻的不同形式和科学记者的角色，并突出普通新闻和科学新闻之间的差异，同时阐述当前相关领域的趋势，以及在不断变化的媒体环境下的新发展。

6.2 科学新闻

如导言所述，许多作者[4]似乎认为，科学新闻的产生源于科学家希望尽可能广泛地分享知识。在其后的一个阶段中，科学家渐渐远离公众，留下的空白由科学记者填补[2]。

法希和尼斯贝特（Fahy & Nisbet）[5]通过引述 Lewenstein[6]、Nelkin[7]、Rensberger[8]和 Trench[9]等的观点，对科学新闻的角色做了一个很好的历史概括——20世纪初，科学记者着重将科学的新发展翻译成大众理解的语言；30、40年代科学新闻则变得更具说服性；60年代科学新闻的批判性得到提升，70年代重点关注环境问题；80年代的科学新闻为科学发展摇旗呐喊；90年代的科学新闻更多地体现在对科学的监督。他们指出，当前数字时代的典型特征是科学家通过博客、社交媒体和个人网站进行自我传播。在某种程度上，这一新进展可视为向科学传播早期的回归，因为新媒体为科学家提供了分享知识的新手段。

科学新闻是一种新闻类型，主要报道科学成就和突破、科学过程本身、科学家进行的科学探索和所遇到的困难[10]。广义的科学新闻包括与科学有关的所有新闻报道，包括但不限于科学过程、科学发现、科学机构（或相关人员），并涵盖了所有类型的科学，包括人文科学和自然科学[3,11]。科学和新闻文化并不矛盾。它们建立在相同的基础上，即认为要对一件事得出结论需要有证据的支撑，而证据应该对每个人开放，并且对任何事情都要有质疑精神[12]。

6.3 科学新闻的形式

依据作者的不同，科学新闻可以有不同形式：信息型、解释型和探索型，或者三者的混合[2,13-14]。

信息型：信息科学新闻以描述性的方式向公众提供信息。信息型新闻的重点是把信息传递出去，以便让公众了解世界中发生了什么。例如，告诉公众欧洲核子研究中心（CERN）发现了希格斯玻色子。

解释型：法希和尼斯贝特（Fahy & Nisbet）[5]等认为公众不仅

应该了解科学,还应该了解科学的具体内涵,如科学方法及其局限性。事实上,一些科学记者除了提供基本信息外还进行相应的解释。科学新闻经常要解释复杂的问题,因此,大部分科学新闻的文章是解释型的,而不仅只是传递信息,例如解释希格斯玻色子到底是什么样的粒子。解释型新闻侧重阐释和解读复杂的事件和现象,记者在其社会、政治和文化背景下对这些问题进行报道[15]。

探索型:布朗(Brown)[16]引用了美国科技类月刊《连线》的前任编辑、内容发布平台 medium.com 的现任高级编辑埃文·汉森(Evan Hansen)的观点,指出仅有信息型和解释型的科学新闻是不够的,强调了探索型新闻的必要性。与其他两种新闻形式相比,探索型新闻更强调批评者的重要性,这些批评者努力超越现有的说法,反复审视科学家所讲的是否有效。在这个角色中,科学记者成为社会的所谓"监督者"(watchdog)。传统上,监督也许是记者最重要的职能,这并不新鲜,Fahy & Nisbet[5]、Murcott & Williams[17]、Rensberger[8]都曾提出过相同或相似的观点。探索型科学新闻除了传播科学信息并对较难理解的部分进行解释以外,还要审视是否可能存在利益冲突(例如在关于疫苗接种的讨论中科学和药学相互交织的程度问题),或者在合理研究的基础上得出结论(例如关于疫苗接种和自闭症之间联系的欺诈研究)[18]。

博客"撤稿观察"(The Retraction Watch)就是探索型新闻的一个例子。该博客不仅报道从科学期刊上撤稿的研究论文,还试图揭示被撤稿的原因。

6.4 科学记者的角色

除了科学新闻本身的功能外,科学记者还可以承担不同的角色。法希和尼斯贝特(Fahy & Nisbet)[5]认为科学记者可扮演各种各样的角色,包括"传声筒"和解释者、信息策展人、公民教育者、公共知识分子、议程制定者、监督者或召集人。

议程制定者确定重要的研究领域、趋势和问题,并呼吁社会关注。公民教育者向非专业受众介绍科学工作的方法、目的、限制因素和风险。"传声筒"通过阐释和解读科学信息向非专业公众报告科学家的新发现。这3个角色的作用主要是提供信息。公共知识分子综合报道各种关于科学及其社会影响的复杂信息,是科学新闻解释功能的典型代表。最后,就科学新闻的探索功能而言,相关记者会对科学主题进行深入研讨。监督者对科学家、科学机构、产业和政策相关组织进行审视。信息策展人收集与科学相关的新闻、观点和评论,将其以结构化的形式呈现出来,并附有一些评价。召集人将科学家和各种非专业公众联系在一起,以线上或现场的方式公开讨论与科学有关的问题。

例如,布鲁克格曼(Brüggemann)[19]探讨了报道气候变化的记者的角色如何随着时间推移而逐渐多元化。他发现新闻工作者的角色"已从传统目标演变成一种更具解释性的形式",例如,记者在介绍反对者的声音时,会提供反对者的背景并指出他们外行人的身份。

6.5 新闻标准与故事建构

广义上来看，新闻应该为人们提供自主行动所需的信息[20]。一个故事是否被认为是新闻取决于许多因素，其中一个因素是媒体渠道。如果认为报纸等渠道是用来传递新闻的，则其呈现的内容通常就会被当作新闻。这类媒体内容的突出特点一般由新闻价值或新闻标准决定。盖尔顿和鲁奇（Galtung & Ruge）[21]是最早确定这些新闻标准的人之一，其所描述的12个要素经常被用来定义新闻的价值。他们通过研究认为新闻如果满足更多的要素，就越有可能在媒体上刊登。当然，新闻价值在不同国家可能有所不同，因为其价值判定取决于文化，并且某件事是否成为新闻在某种程度上也受机遇、便利性和意外等随机因素影响[22]。

哈卡卜和奥尼尔（Harcup & O'Neill）[22]对盖尔顿和鲁奇的要素列表进行了补充，增加了社交媒体等新渠道。除了盖尔顿和鲁奇用以提出新闻价值观的三大国际危机的相关新闻，还将媒体渠道所有新闻内容都包括进来。例如与时间、重要性、临近性、突出性和人类利益有关的要素（详见方框6.1）。新闻要素不仅适用于普通新闻，也适用于科技新闻。例如，在关于科学争议的故事中可以找到方框6.1中的"冲突"要素，在关于科学发现的文章中可以找到"惊喜"，在关于气候变化的报道中可以找到"后续行动"。

> **方框6.1 哈卡卜和奥尼尔（Harcup & O'Neill, 2016）在《何为新闻？重新审视新闻价值》一文中定义的要素**
>
> （1）独家性：新闻机构通过采访、信件、探索、调查、民意调查等方式产生的新闻或率先获得由上述方式产生的新闻，但由于"新闻禁运（embargo）"（embargo指消息来源与记者或出版物之间达成协议，在某一日期和时间之前不发表相关报道——译者注），科学新闻中的排他性可能会受到影响（参见第6.6节）。
>
> （2）消极性：带有强烈负面色彩的新闻，如死亡、受伤、失败和失去（例如失业）。
>
> （3）冲突性：与冲突有关的新闻，如（科学）争议、争论、分裂、罢工、打斗、叛乱和战争。
>
> （4）意外性：包含意外性、反差性及不寻常元素的新闻，例如意外的科学发现。
>
> （5）视听性：包含引人注目的照片、视频、声频的新闻，以及方便使用信息图进行说明的新闻。
>
> （6）分享性：有可能通过Facebook、Twitter和其他形式的社交媒体产生分享和评论的新闻。
>
> （7）娱乐性：关于性、娱乐圈、体育、轻松有趣题、动物话题的软性新闻；标题幽默有趣的新闻；列举科学事实的新闻。
>
> （8）戏剧性：讲述正在发生的戏剧性故事的新闻，如逃亡、事故（如福岛核设施的事故）、搜查、围困、救援、战斗或法庭案件。
>
> （9）跟进：已报道过的（科学）主题的新闻。

> （10）权力精英：关于有影响力的个人、组织、机构或公司的新闻。
>
> （11）相关性：在受众群体中有影响力的或在相应文化、历史环境中为人熟知的群体或国家的新闻。
>
> （12）规模性：涉及大量人员或对很多人产生潜在影响，或涉及一定程度的极端行为或极端事件的新闻。
>
> （13）名人效应：已经成名的人的新闻，也包括爱因斯坦和其他诺贝尔奖得主等著名科学家的故事。
>
> （14）积极性：带有强烈积极色彩的故事，如恢复、突破、治愈、胜利和庆祝。
>
> （15）新闻机构的议程：能帮助构建或符合新闻机构自身目标的故事，无论是在意识形态、商业还是特定活动方面。

方框6.1中（1）、（3）、（9）等要素显然与新闻本身和其内容有关。其他要素则更多涉及其他方面，例如新闻是否易于分享，在这一点上似乎更依赖媒体（例如要素6）及机构（例如要素15）。最后一个要素（要素15）清楚地表明，无论发生什么事件，记者和相关机构在新闻创作中都具有重要的作用。

从这个意义上说，新闻和新闻价值可以被看作机构、社会和文化规约的反映，再加上经济因素，也许更像是服务于公众及其信息需求的东西[23]。这也解释了为什么要素列表并非一成不变，而是需要定期更新，以适应组织、社会和文化的新趋势。

记者在采编新闻时可以利用新闻标准来增加文章发表的机会。记者希望读者能看到、听到完整的新闻。为了实现这一点，他们使用特定的技巧来构建新闻故事。例如，克鲁赞（Kruyzen, 2007）[24]等（可参见 Bednarek & Caple[25]）提到了对新闻事件在特定方面的强化。蒙哥马利（Montgomery）[26]对清晰准确的新闻报告进行了探讨。作者还指出了一些新闻业的普遍做法，这些做法同样也适用于科学新闻。"编辑着色盒"（Editorial Coloring Box）[24]就是一个例子。克鲁赞将记者和编辑团队使用的技巧称为"着色盒"，因为他们喜欢用鲜艳的色彩来描绘故事，并通过这种方法吸引读者的注意力，以便更好地传达信息。"着色盒"包含以下要素：聚焦（只关注故事的一个方面）、简化（方便理解）、极端化（强调冲突的利益）、夸张性（在现实基础上添枝加叶）、强化（建立紧张关系）、说明（澄清复杂的信息）和人格化（强调与人相关的方面）。

6.6 普通新闻与科学新闻的区别

尽管科学新闻遵循了上述的新闻标准和逻辑，但普通新闻与科学新闻之间存在着一些重要的差异，包括科学记者应该如何处理平衡、"新闻禁运"和（不）确定性等问题。

（假）平衡：平衡这一原则是指新闻报道中应当呈现争论双方观点，因此在新闻中争论双方往往占据同等的篇幅，然而，许多作者认为科学新闻需要一种不同于普通新闻的平衡。在科学中，有时争论一方的科学证据比另一方强得多。在这种情况下，在新闻报道中给予双方平等的篇幅就具有误导性了。

克拉克（Clarke）[27]在自闭症疫苗争议中讨论了这个问题，并引用了Antilla[28]、Boykoff & Boykoff[29]、Ryan[30]的观点。克拉克指出，平衡和准确这两个传统上支配媒体争议问题报道的准则，在科学新闻中有时可能存在矛盾。一方面，平衡准则要求记者呈现一个问题的各个方面。另一方面，准确性原则要求记者仔细核实细节和事实以避免错误，这似乎表明记者应该告诉公众哪种观点拥有最有力的证据。

气候变化问题就是一个备受争议的例子。斯路伊斯（Van der Sluijs）等[31]认为，与其说问题在于气候变化是否存在，不如说是什么因素影响了气候变化。许多人认为，有太多媒体在这个问题上给予了怀疑论者过度关注，而怀疑论者并不总是拥有科学的观点。在气候变化的科学确定性上，如果要实事求是地报道，就意味着用97%的篇幅介绍支持者的观点，而将3%的篇幅留给那些反对者。

为审查英国广播公司对科学报道的公正性和准确性，英国广播公司信托基金做了一份报告（BBC Trust）[32]。报告结果的第3页显示，"节目制作人必须在科学报道中将公认的事实和观点区分开来，并确保观众能清晰地看出这种区分"。

因此，许多作者（例如Boykoff & Boykoff[29]、Clarke[27]、Corbett & Durfree[33]、Oreskes & Conway[34]、Wahl-Jorgensenetal[35]）指出，在科学新闻中，记者在科学报道中利用平衡准则时可能需要采取不同的行动。当一个特定观点有大量科学证据时，科学报告中就应该有所体现。

传统的"正说反说"框架是常规新闻的典型描述策略,而这种做法在这些情况下过于简单。

牛津大学物理学家和癌症研究人员大卫·罗伯特·古伦姆斯(David Robert Grimes)[36]在2016年(11月8日星期二)《卫报》的一篇评论文章中总结了虚假平衡的危险,"媒体在传达重要信息和观点方面发挥着重要作用,推动形成了对事实审查和质量控制的标准,但内容碎片化的现代媒体在这方面的作用就比较欠缺。陷入虚假的平衡会削弱这种力量,并有可能为那些被揭穿或处于危险边缘的观点带来合法性的假象,加速其传播——最终,这种诡辩会让我们变得更加分裂,影响我们的判断力。"

克拉克(Clarke)在2008年发表的文献[27]第79页中认为,一方面,平衡可能与所提供信息的量有关,即记者强调了所有相关的观点,无论这些观点的知名度或影响力有多大。另一方面,平衡可能与质量相关,即识别两个最有影响力的观点,将其以正反论点的形式呈现出来,并给予两者相对等量的关注。记者应该如何遵守平衡准则,同时又要保障公众的知情权、利益相关者在社会中发声的权利,以及记者自身在报道中传达真实信息的责任?这仍然是许多争论的焦点。

处理"新闻禁运":应该说,"新闻禁运"制度可以帮助记者思考平衡问题。许多科学期刊,如《自然》《科学》和《国家科学院院刊》(PNAS),对想要报道期刊论文的记者实行"新闻禁运"。在刊登相应的文章前,这些期刊一般会提前一周给记者提供一份最值得关注的文章清单。记者如果要看到这份清单,就必须同意推迟发表相关报道的文章,直到"新闻禁运"期满。这个机制有利有弊。

对记者来讲,最大的好处莫过于有充足时间准备一篇有深度的文章。毕竟,记者不用担心谁先得到新闻。他们都必须等到科学期刊的"新闻禁运"的解除。不利的一点在于,"新闻禁运"制度可能会让记者变得懒惰。基尔南(Kiernan)[37]认为,该制度将注意力从追求原创故事转移到其他问题上,因为编辑可能希望他们报道其他人也报道的故事。

马歇尔(Marshall)[38]也承认了这种利弊权衡,他说:"在这种制度下,期刊得到了最大限度的宣传,记者有时间报道复杂的故事,科学家的工作得到了更广泛、更准确的公众曝光。"但他同时发出警告,"新闻禁运"可能会阻碍科学结果的传播,"科学应该通过科学家之间快速交流结果来进步,但'新闻禁运'制度可能会为这种信息交流设置障碍。"

(不)确定性:科学记者也必须以不同方式处理确定性的问题。科学本身的性质决定了其包含的不确定性,因此需要关注记者如何处理科学不确定性的问题(参见文献 [39-40])。尽管人们越来越多地承认科学新闻中固有的不确定性,但许多信息仍然以普遍真理的形式呈现在新闻报道中[41]。究其原因,可能是因为记者通常接受的训练是要提供明确的新闻,必须遵守相关的媒体描述框架,以避免在不相关的事情间人为地建立关联,或从报道的结果中得出错误的结论。

并非所有记者都理解统计学中 p 值的含义或者相关性和因果关系之间的区别。科学新闻经常报道虚假的相关性。例如,有研究表明轻饮和体重之间存在正相关,但在新闻报道中却将这种相关性说成是因果关系。荷兰营养中心(Dutch Nutrition Centre)指出,研究确实表明了两者之间存在关系,但这种关系应该解释为超重的人比体重正常的人更有可能饮用轻饮。

美国宇航局完成了人造卫星的建造是一项客观事实,但是,科学中的许多其他事物总是包含着大量的不确定性——这是科学方法和科学哲学中所固有的。科学记者应该认识到有时科学家为了让媒体关注其研究会夸大其词,甚至提供误导性信息。哈尼夫(Haneef)等[42]指出,科学家自己使用特定的报道策略(例如编造故事,兜售一个有利于自身立场的信息)讲服包括记者在内的读者,使其认为他们的研究很重要,而这并不符合客观事实。

6.7 变化中的媒体生态

在科学报道、新闻和趋势方面,媒体、不断变化的媒体生态和从线下到线上的过渡值得特别关注。为了生存,许多科学媒体采用了跨媒体的方式,最大限度地利用不同媒体的特有优势来补充各种信息。例如,《科学美国人》每年开展3000多个项目,包括文章、新闻故事、视频、博客、幻灯片[16],并在杂志、网站及Instagram、YouTube、Twitter和Facebook上发布内容。

然而,在跨媒体日益发展的今天,传统媒体仍然占有重要地位。电视在科学传播中继续扮演着重要角色,尽管电视上的科学新闻可能仍然不多[43]。电视的重要性主要体现在覆盖面广。同样，电视可以结合（移动）图像和声音，当然其他一些媒体也有这种功能。电视媒体的预算通常比报纸、博客或视频博客要多得多。尽管有许多优势，但缺点也是存在的。电视上的科学新闻需要良好的视觉和听觉材料及熟练的讲者。此外，电视不太适合传达复杂的信息。许多研究表明，观众对他们所看到的几乎记不住，而且，电视很贵。

除电视外，广播也是一种传统媒体。当前，广播仍然受到大众欢迎，特别是在发展中国家。无线电是一种非常直接的媒介。这意味着在科学新闻中，科学家往往能够自己讲述故事，然而，广播和电视一样具有严重的缺点，即广播完全依赖于声频信号，所以对讲者的表达能力要求非常高。还需要指出的是，对于大多数人来讲，收听广播是一种不太重要的活动，因此可能会完全遗漏许多广播信息，或者只是在潜意识中接收到这些信息。

然而，无线电广播也是新趋势和技术发展的获益者。许多广播节目用现场视频提要、博客和网站来补充节目内容。在这种形式下，广播节目可以被搜索到，这样人们就可以根据自己的时间安排收听节目，而不是只有在直播时才能收听。

当然，报纸的历史比电视和广播都更加悠久。报纸通常比电视和广播有更多发挥的空间。报纸记者可以强调有时在电视和广播节目中略去的细节。此外，报纸在社会中仍然具有公信力，但哈尼夫（Haneef）等[42]认为，与数字新闻媒体相比，当代印刷报纸的一大缺点在于速度相对较慢。这也正是印刷报纸普遍通过线上内容进行弥补的原因。另一个缺点是读者阅读时具有选择性，而印刷报纸很难跟踪哪些文章更受读者青睐，这限制了编辑跟踪阅读量大的文章的可能性。最后，印刷报纸的内容无法轻易共享。这也正是网络媒体的重要性和价值所在。尽管印刷报纸的数量下降了，但线上报纸的数量却在上升，虽说数量不及前者[3]。

与纸媒和其他传统媒体相比，线上媒体似乎具有无穷无尽的可能性。线上内容的一大优势是易于搜索，此外还可以将自己的内容与他人的内容联系起来，例如提供原始材料的链接。此外，网络空间的容量是无限的，不像印刷报纸那样受到文字、图像和声音等方面的空间限制。在这种背景下，线上媒体按照定义一般可近乎等同于多媒体，可以促进流量的提升，从而带动更多用户阅读/查看相关内容。

然而，线上内容也有几个缺点。人们经常使用搜索引擎来搜索科学信息[44-45]，但这些搜索引擎使用的是预先编写的自学习算法。搜索仅限于用户已知和使用的词语。如果这些词不是科学词汇，那么探索结果可能会偏向非科学来源的信息。此外，搜索引擎利用了早期的搜索和访问页面，从而可能不断强化自我验证性偏差。

因为线上空间永远不会满，所以必须警惕（认知）过载。网站上过于冗长的文章就是很好的例子。此外，网上信息量巨大，这意味着对关注度的激烈竞争，媒体之间和媒体内部都是如此。最后，任何人都可以在网上发布信息，所以网上信息的价值或可信度引发了越来越多的讨论，因此，人们有时很难评估相关信息的质量。

在这方面，我们需要认识到每种社会媒介都有其具体特点。索利斯（Solis）[46]提出了所谓"对话棱镜"（Conversation Prism），用以准确显示存在什么样的社交媒体或平台及它们的常见用途。例如，对话棱镜可以用来证明 Facebook、LinkedIn 和 Twitter 彼此之间是不可替代的。

6.8 科学新闻的发展趋势

科学新闻的趋势体现在不同层面。重要趋势包括"搅拌式新闻"（churnalism）、讲故事、假新闻、建设性新闻和慢新闻。

"搅拌式新闻"：指的是将公关和新闻部门预先整理好的新闻稿件作为新闻进行重复利用[47]，这在业内已经非常常见。在某些情况下，在高质量媒体的新闻报道中，几乎有一半是搅拌式新闻[48]。在英国，旨在充当科学"独立新闻办公室"的科学媒体中心（Science Media Centre）因使记者更容易复制/粘贴新闻稿而备受诟病[49]；相关讨论可参见文献 [50]）。当记者未能阅读所有可用信息时，这种类型的新闻报道很容易出错。如果未经核实，记者就不能确定新闻发布会或相关科学家是否得出了有效结论。媒体标准信托（Media Standards Trust）推出了一个网站，使记者能够将新闻稿与国家报纸文章进行比较（在编写本报告时，由于资金问题该网站处于下线状态）。《卫报》曾在 2011 年就此发表文章，指出英国本耐登保健组织（Benenden Healthcare Society）有一篇题为"英国女性花在外表上的钱比花在健康上的钱多"的新闻稿，而各大报纸直接抄袭了这篇文章高达 98% 的内容。

讲故事：讲故事是一种用叙事性的方式传递新闻的方式，往往是具有散文元素的篇幅较长的作品，而不是更为传统的对客观事实的记叙。叙事性非虚构故事这种体裁往往被认为是感人的、必要的、高质量的新闻[51]，但是这种写作方式有一定的风险，因为为了让新闻故事更加生动，客观性和真实性原则往往被"靠边站"。《纽约客》是一个以发表叙事性新闻故事见长的杂志，《卫报》也以这种形式发表科学新闻；参见佐伊·科尔宾（Zoë Corbyn）的文章"想永远活着吗？赶走你的僵尸细胞"[52]。正如马丁内斯-孔德和话筒尼克（Martinez-Conde & Macknik）[53]所言，讲故事可能是参与科学传播的强大动力："向普通观众传播科学内容既可看作一门艺术，也可看作一门科学。好的艺术会产生情感共鸣。在公众中识别和发展这种情感联系，可能是获得扣人心弦的故事的有力途径。"

假新闻：假新闻问题最近受到了很多关注，尤其是与选举有关的问题[54-55]，但显然，假新闻并不局限于关于政治和政策的新闻（关于公民如何及为什么对科学产生误解，参见文献 [56] 的概述）。马可、默多克与考菲尔德（Marcon、Murdoch & Caulfield）[57]讨论了与干细胞研究有关的问题。假新闻是倾向使用歪曲的、去语境化的或可疑信息的新闻[58]。某种程度上假新闻是有目的性的，例如为商业目的创建信息诱饵吸引单击[59]。当今时效性的压力越来越大，记者都希望快速获得可信的信息[16]，这限制了交叉检查信息的可能性，增加了假新闻进场的机会。假新闻并不是一个新生事物。烟草业在过去就曾引入假新闻来掩盖烟草烟雾的真相[34]。

建设性新闻：人们对新闻业似乎天然就抱有一种消极看法。

建设性新闻的存在便是对这种偏见的一种回应。建设性新闻将积极心理学技巧应用于新闻过程和新闻生产,努力创造丰富的、吸引人的报道[60]。荷兰媒体 De Correspondent 是一个专注建设性新闻的线上平台。英国广播公司也在做这方面的工作。建设性新闻项目(The Constructive Journalism Project)是一个为新闻专业学生和自由记者举办讲习班的组织。《卫报》也发表了劳拉·奥利弗(Laura Oliver)关于此问题的一篇文章,"好消息:为什么媒体对建设性新闻持积极态度"。

慢新闻:与快新闻相对应的慢新闻是对当今"24/7"的社会心态的反应,因此,慢新闻也有其固有风险,它较少关注目前,更多地关注一个问题的长期重要性[61]。《延迟满足》(*Delayed Gratification*)杂志就专注于慢新闻。布兰丁(Blanding)[62]也写了一篇文章:《即时信息时代慢新闻的价值》。另一个有趣的例子是"对话"(The Conversation)网站,在那里记者和科学家一起工作,为新闻事件提供科学知识、见解和观点。该平台始于澳大利亚,后在英国、非洲、法国和加拿大也建立了专门网站。

6.9 科学新闻:从传播者到受传者

总体而言,消息来源、记者和受众之间的传统界限正在消退[2, 16],因此,科学新闻业的格局正在发生变化。人们现在期望获得的不是每天的新闻(传统的报纸)、每小时的新闻(传统的电视)或每半小时的新闻（传统的广播），而是每分钟的更新（社交媒体）。时效性一直并将永远是科学新闻的重要要求，但正如布朗（Brown）[16]所说，过去记者会通过口头或广播获取突发新闻，现在他们通过推特等社交媒体了解最新新闻。当然，推特在2014年市场占有率很高，但现在已经被WhatsApp和Instagram等平台超越，而这些平台在不久的将来也会被其他平台超越。跟踪这些变化也成了科学记者的工作。

为了促进这种分分秒秒的新闻传播，很难再坚守一些传统的新闻美德，如批判性地评估信息的质量并用大量篇幅提供背景信息。齐默尔（Zimmer）[16]指出，科学新闻已经有了很大的进步，虽然长篇文章一度被回避，但目前长篇文章日益成为常态，这部分得益于技术发展（例如更好的显示器使线上阅读更容易）、线上选择的多样化（例如更好的字体）和专业经验（例如更好的设计）。

最后，从线下到线上的转变允许人们通过网络建立联系（Brown）[16]。网络，尤其是社交网站，使人们能够找到志同道合的人，分享想法，并对内容做出回应。现在能够阅读或观看记者作品的人比历史任何时期都多，但同时，正因为如此多的人能够线上阅读或观看这部作品，并且获得信息的方式如此之多，所以很难将所做的努力变现[16]。

从商业角度来看，随着传统商业模式变得不可持续，新闻业面临的压力与日俱增[3]，因此，科学新闻在过去由数量有限的专业机构和全职员工主导，但现在已经变得更加分散，"内容由不同岗位的人提供，或者由博客作者和消息来源提供，并且撰稿人获得的报酬很少甚至没有报酬"[16]。

如前所述，现在更重要的是谁交付内容，而不是内容出现在哪里。

人们对特定的新闻媒体变得不那么忠诚，更有可能关注单个科学家或记者，无论他们在哪里发布内容[16]。至少对于热衷科学新闻的受众来讲，似乎真是这么回事。布朗[16]补充说："博客和社交网络日益模糊了消息来源、记者和受众之间的界限，以至于今天的读者往往希望成为故事的一部分。"

科学新闻已经从一个主要面向传播者的视角转变为一个更面向接收者的视角，在这个视角中，科学信息通过科学记者从科学家那里流向各种受众，在这个视角中，科学信息在包括科学记者在内的多行为者之间共享。在这一趋势中，公民的作用及其参与关于科学问题的讨论，甚至科学过程本身，被认为越来越重要。从这个意义上说，科学新闻的变化与整个社会的变化有关。

另一个变化是更加关注受众，并在新闻中增加了与个人经验相关的内容，特别是将个人经验与科学联系起来，以方便公众重新理解科学；人们在现实生活中经历过媒体告诉他们的事情吗？从某种意义上讲，这是一场记者 VS 公众压力的测试[63]。新媒体使受众能够自己判定哪些信息是新闻，用户生成的内容在新闻生产中变得更加重要[64]，然而，科学家、科学记者和公众之间的这种互动需要监督和管理才能成功。

6.10 影响受众的新闻

如上所述，新媒体已经改变了科学传播的方式，不仅在科学新闻领域，而且在所有相关领域。随着传播方式的改变，新闻对人们思考方式的影响也随之变化[14]。议程设定理论最早由麦库姆斯（McCombs）和肖（Shaw）于 1972 年提出[65]。今天，这一理论在传播学研究和科学传播学研究中仍然适用（参见文献 [66]）。简而言之，议程设定理论指出当大众媒体关注的问题在新闻议程上占据重要位置时，它也会在其他议程上占据突出地位，例如公共议程和政治议程。该理论指出，人们的思考除了受到媒体影响以外，也取决于所讨论题。

近年来，这一理论被拓展到跨媒体，或者正如芬克和麦库姆斯（Funk & McCombs）[67] 所说，产生了媒体间效应。知名媒体对较小的媒体产生影响，就产生了"媒体间议程设定"（Intermedia Agenda Setting），特别是当较小机构的记者引用知名媒体记者的报道时就出现了这种效应[68-69]。博客和视频博客等新兴媒体在设定其他媒体的议程方面也变得越来越强大[70]。例如，社交媒体平台上的热门话题最近经常受到新闻媒体的关注。议程设定理论主要关注媒体如何影响人们的想法，框架效应理论则关注信息呈现的方式如何影响人们对其的看法。例如，内尔利什（Nerlich）[71] 强调，当科学家被描述为"扮演上帝"并与"科学怪人"联系在一起时，就会对科学/科学家进行频繁的隐喻性框架描述。英国的查尔斯王子联系到"科学怪人"的意象，将转基因生物称作"科学怪人食品"，创造了 Frankenstein Food 一词。这种类型的框架描述模糊了科学的客观规律，但这似乎几乎是不可避免的。框架描述决定了受众如何解释信息。

6.11 受众

近年来，我们看到与公众直接交流的科学家的数量有所增加。上文提及的许多出版物中都将科学家置于科学新闻的背景下进行讨论，但通常被称为科学作家(如Dunwoody)[2]而不是科学记者。同样，彼得斯（Peters）[14]指出绝大多数科学组织和许多科学家个人已经开始自行与受众交流——这表明他们创建和分享的内容与专业科学记者提供的内容竞争，但他们自己并不被称为科学记者。布鲁姆菲尔（Brumfiel）[72]认为，未来的研究应该进一步探索科学家经营的媒体和记者经营的媒体所产生的效应，特别是探索科学新闻和由科学家主导的科学传播之间的区别。

这一章并不对科学新闻的受众做过多探讨。法希和尼斯贝特（Fahy & Nisbet）[5]指出，在这种新闻媒体环境中，积极性高的受众将能尽情享用科学信息的盛宴。这些受众不仅消费信息，还贡献、推荐、分享和评论新闻，然而，一般的科学传播（特别是科学新闻）不应该只为少数感兴趣和有参与积极性的人服务。

跨文化因素对受众也会产生影响。包括科学新闻文献在内的大多数有关科学传播的文献来自美国、英国和欧洲。科学报道和新闻业在东方也在兴起[73]。应该认识到，在不同文化中，研究人员和实践者处理的问题既有相似性也存在显著差异。例如，信息的可及性在不同地区可能有很大差异。艾尔-阿瓦迪（El-Awady）[73]指出，有时发现全球发生的事情比发现当地发生的事情还容易。这表明，在一种文化中，对政府所办的机构存在的问题提出质疑会受到一些阻碍。语言障碍也是一个问题。这种影响在大众传媒中也清晰可见。针对具有社会争议性的卫生问题的公共传播方面，Ren[74]等指出了英国和中国在生物医学专业知识的表达方式上存在明显差异。

持续跟踪受众至关重要。记者不仅应监控信息如何传递，还应监控信息如何被接收（处理）和使用。如果能做到这一点，科学新闻职业则可能会得到改善，使今后的沟通更有针对性。线上交流使人们更容易监测受众如何利用他们可获得的信息。例如，现在可以更容易地衡量哪些新闻文章被更多人阅读、分享和讨论。

正如关于趋势的那一节所述，传播的速度已经改变，观众越来越习惯于听到原声妙语（soundbite）。为了通过快节奏的媒体接触受众，科学记者和科学家都需要拥有创造力，用正确的语言进行表达，能够并愿意用一句俏皮话来表达自己[75]。

6.12 结论

总而言之，这一章已经表明，科学新闻在日益由知识驱动的社会中发挥着强大作用，无论是在发达国家还是在发展中国家都是如此。记者在科学报道中使用的术语（框架描述）和他们向公众展示的科学辩论议题的数量和质量（平衡）决定了受众在日常生活中如何利用科学知识做出决定。为了理清科学传播的复杂关系网，研究人员应继续探索公众、科学家和记者的行为所不断相互影响的三角关系。

第7章

风险传播

7.1 导言

　　风险评估是科学界的一个重要课题。医学生物学家、毒理学家和统计学家正在不断提高对风险的认识。化学家和工程师试图尽可能全面地估计新产品和新技术存在的风险,并试图控制风险。从风险的角度思考科学技术的作用时应该考虑两个主要问题。一方面,科学技术可以提供解决办法(例如某项技术可以保护特定人群),而另一方面,科学技术发展本身也构成潜在风险(例如改良作物或核电站)。对许多人来讲,科学技术的双重性和对立性可能会令人困惑。正因如此,科学传播者必须理解风险和风险传播。

　　工作中涉及风险传播的科学传播者首先应该了解专家、外行和政策制定者是如何看待风险的。同时,他们还要了解媒体、利益集团和机构的作用。有了这些知识,他们就更能在参与交流的过程中建立相互理解和信任(外行有时是界定不清的。在本章中,外行包括那些未接受相关领域培训/教育的人员。外行往往是公民或消费者的角色;风险评估并不是他们职业的主要内容,然而,外行拥有重要的经验和知识。例如,他们可能生活在对环境有污染的高速公路旁,或者他们自学了相关知识)。在深入了解情况的基础上,他们可以提供信息,让参与者形成自己的观点,或者可以试图通过说服性沟通来影响观点和行为。对于后一种情况,专业人员通常可以借助与态度和行为变化相关的理论和模型。这些方法在健康和环境传播领域非常常见(参见第8章、第9章)。

为了方便理解风险传播,可以从传统风险传播开始说起。传统风险传播与对风险的实证主义和定量理解相关联[1],其中心目标是向政策制定者提供建议,并帮助公众对健康或环境风险做出知情决定。一般涉及由科学研究确定的具有风险的产品或活动。公众对风险的分类可能略有不同,并且对风险的评估与科学家不同。这方面,常见的风险包括化工厂的影响、疫苗接种的副作用及不健康的生活方式。

这种传统风险观点适合讨论简单的风险。在简单的风险中,专家可以相当准确地计算出一个事件的概率及其影响,然而,有些风险具有高度复杂性和不确定性[1],例如气候变化造成的洪水风险或基因工程和纳米技术等新技术带来的风险。这些技术的开发和应用可能有助于改善医疗诊断、降低药物成本、促进生物燃料和生物材料等产品的生产,但这些好处仍然只是对未来的期许。

要估计一项新技术将如何发展是非常复杂的,这一过程伴随着相当程度的不确定性。未来承诺的收益尚未兑现,风险尚无法详细评估。此外,这些新技术的伦理和社会影响也存在争议。皮金和罗杰斯·海登(Pidgeon & Rogers-Hayden)[2]以纳米技术的相关辩论为背景分析了这一问题,因此,对新技术的讨论比对简单风险的讨论更广泛。第 4 章阐述了如何通过对话来讨论和理解这些科学技术的新发展及其对伦理和社会的影响,包括复杂的、定义不清的"棘手问题"(Wicked Problems)。

本章阐述了风险的重要方面及风险传播对复杂科学技术问题决策和理解的影响。本章还描述了专家、公民、决策者、媒体和利益集团处理风险的各种方式,并探讨了应该如何理解和执行风险传播,最后讨论了信息型和说服型风险传播策略的选择。

7.2 风险是否是概率乘以影响

在 20 世纪的最后几十年里,与辐射、化工厂、吸烟和自然灾害等相关的风险引起了越来越多的关注[3-4]。研究人员和科学家认为,风险的定量计算将允许通过传播过程将科学发现传递给公众。有了正确的信息,公众或外行人士就可以自行决定如何行动,然而,这个过程并不像想象的那样简单。

如果是由外行人士评估风险,往往在开始时与专家的评估非常不同,通常比专家更情绪化。例如,当专家和消费者对某些食品风险进行排序时,两组人会给出不同的排序。专家认为饮食不平衡是最危险的,而消费者认为环境污染物构成了最大的风险因素。消费者对食品中添加剂和杀虫剂的风险评估也比营养专家给出的评估更为严重[5],因此,双方在风险感知上存在明显的差异。

7.2.1 风险的专家视角

专家通常用"概率乘以负面影响"来表示风险,例如用"死亡概率"代表风险。有时专家也会使用"平均健康寿命损失年"等概念。在这种情况下,非致命伤害和疾病也可以考虑在内,因此,风险可以表示为数字。如果专家拥有计算所需的所有数据,量化计算将使风险具有可比性,也可以使用这些数字来确定限额、设定标准。这也意味着专家的表述通常涉及统计案例,而与某个具体的人无关。对于关心风险的公民来讲,这种表述并不令人满意,因为他们把人看作鲜活的生命,而不是统计数字。

全面的风险计算非常复杂,例如,并非所有数据总是可用或可靠的,因此,无法确定风险分析是否涵盖了所有内容。分析的系统边界一直是值得探讨的重要问题:应不应该考虑某种情况[6]?大型喷气式飞机袭击的概率是多少?地震并引发海啸的概率是多少?此外,人类行为很难纳入计算。如果核反应堆的操作员没有做好他们的工作,出问题的概率将比风险模型所预测的要大。

不管是什么形式的沟通都必须考虑到专家知识可能是不完整的,风险可能极为复杂,因此风险传播者必须对可能存在的其他评估方式和不确定的事实持开放态度,然后应通过对话来讨论和评估所有知识。应该记住,某些形式的知识(如学术知识)比其他形式的知识(如专业知识或经验知识)更容易验证(参见第 1 章)。此外,有时风险的不确定性是由利益攸关方故意制造的。这些利益攸关方包括烟草和石油的游说团体,也包括有更广泛政治目的的活动家[7-10]。

此外，即使因果关系已经被科学家驳斥，基于推定因果关系的网络谣言仍可能会导致许多不确定性，因此弄清楚相关性和因果关系之间的区别是很重要的。对于这类谣言，有个众所周知的例子就是认为麻风腮疫苗与自闭症的发展之间存在关联，因此，两者之间的因果关系一直是英国公共辩论的焦点[11]，尽管后来对导致这一骗局的出版物做了撤稿处理[12]。

7.2.2 风险的外行视角

不懂风险的外行人士和第一次面对某种风险的公众通常不会像专家那样做出理性的反应。他们对风险的感知是由一种直觉决定的。这种直觉受所谓风险感知因素的情感引导。美国心理学家保罗·斯洛维奇（Paul Slovic）[13]在20世纪七八十年代的研究为理解这些风险感知因素奠定了基础。传播专家彼得·桑德曼（Peter Sandman）[14]在他的众多教学视频中进一步分类和解释了这些因素。这些感知因素目前在许多（工业化）国家也是存在的，尽管有明显的文化差异。本章将不对文化差异进行讨论。感知因素可帮助风险传播者理解外行对风险的反应，进而对其进行预测甚至改变。

桑德曼将风险描述为危险怨愤（Hazard Outrage）。他所讲的危险是以概率与影响的乘积来计算的，表现了专家对风险的看法，然而，在外行眼中，某件事是否构成风险，部分取决于他称为怨愤的第2个因素。斯洛维奇的研究揭示了怨愤的两个主要因素：感知到的威胁（恐惧）和自以为对风险的了解。除了这些要素之外，如何平衡特定活动的风险和收益也在风险感知中起作用。最后，沟通方式也会影响风险感知。表 7.1 展示了引导外行对风险做出初步反应的感知因素，分为安全（相对可接受）和不安全（相对不可接受）。

表 7.1　风险感知因素

被认为是安全的，更容易接受	被认为是不安全的，不容易接受
A. 威胁	
不可怕	可怕的
不会唤起负面记忆	会唤起负面记忆
自愿的	非自愿的
可自行控制	无法自行控制
受害者统计	已知的受害者（我自己，我所爱的人，熟人等）
长期性（受害者在不同地点，危害随着时间推移而蔓延）	灾难性（许多人在同一地点、同一时间受害）
暴露在危险中的人数少	暴露在危险中的人数多
B. 知识	
可见、直接的效果	不可见、延迟的效果
自然的	非自然的
熟悉的（曾经发生过的，已经习惯了的情形）	不熟悉的（新出现的情形）
具备相关知识（自我/他人）	不具备相关知识（自我/他人）
C. 平衡	
切实的收益/公平分配利益和成本	收益少/利益和成本分配不公
对后代不存在道德问题或风险	对后代存在道德问题或风险
D. 过程	
媒体关注不多	媒体大量关注
没有集体行动的机会	有许多集体行动的机会
信任	不信任
回应过程	无回应过程

注意：后 4 个方面更多关注风险传播的过程而不是风险本身。
根据 Slovic（2000）[13] 和 Sandman（2014）[14] 整理。

A. **威胁**：感知到的威胁是一个重要因素。让人感到威胁的因素包括与某些事物相联的恐惧感（如对化学废物的恐惧感）或因报纸报道一种罕见疾病而引起的负面记忆。相比之下，一个人自愿承担的风险或可自行控制的风险就会被认为威胁不大。如果许多人可能会在同一时间、同一地点死亡，人们对其风险的感知就会比较大。相比之下，如果在不同地方、相对较长时间内有相同数量的人死亡，人们就不会感到那么大的威胁（灾难性）[15]。设想一个大胆的思想实验，考虑每天1300名吸烟受害者在纽约时代广场的中午同时死亡，人们将如何评估吸烟的风险？

B. **感知知识**：在感知知识的内涵中涉及的感知因素比知识本身的外显因素还要多。如果一个人不知道风险到底意味着什么，就会觉得这种风险更大。如果负责控制风险的人看起来缺乏相应的知识，也会导致产生这种效应。除了担心缺乏知识外，还有一些因素也会对风险感知产生影响。人们认为无形影响的风险更高，例如辐射及其可能导致的癌症，因为不确定性比坏消息更可怕。如果风险已经存在了很长时间，人们就会习以为常了。这就是为什么家中的风险会被低估。许多事故发生在家里：例如由于使用梯子时粗心大意而发生意外伤害。同样，自然灾害的风险估计比实际要低，尽管这方面可能还会受到信仰因素的影响，即认为人类必须接受自然（或上帝赋予的）风险。此外，人们对天然产品的感觉比对人工产品、工业产品或非天然产品的感觉更好，然而正如前文所述，在风险感知上也存在文化差异的影响。

C. **平衡**：在考虑风险的可接受性时，人们会权衡风险行为的优点（好处）和缺点，并决定利弊的分配是否公平，因此，个人利益往往比集体或社会利益更有分量。这意味着健康风险（个人）和环境风险（集体）的处理方式会有所不同。

D. 过程：除了与风险本身相关的因素外，沟通过程的要素也在风险感知中发挥作用。如果激进组织告诉公众某件事情会带来较大风险，或者该风险经常出现在新闻中，则公众对该风险的怨愤通常就会增加。此外，如果人们对那些管理风险、做风险传播的人有足够的信心（和信任），并且如果沟通过程本身能让他们有效参与风险管理，则感知到的风险就会降低。这一过程称为回应。本章的7.5节将对此进行讨论。

正如导言所述，在了解这些感知因素的基础上，风险传播者现在就可以理解为什么专家和外行对食品相关风险的排序会有所不同了。了解感知因素同样有助于理解其他关于风险的讨论（然而，就各感知因素的强弱而言，目前尚无普遍的排序。需要考虑具体案例的情况，也可参考文献中的许多案例研究。详情可见参考文献[16]所做的概述），并回答以下问题：专家认为吸烟是一种高风险活动，但为什么吸烟者对相关风险的评估中没有体现这一点？如果把二手烟也包括在内，又应该怎样评估吸烟的风险？考虑了感知因素，就可以解释为什么许多国家在公共场所、酒吧和餐馆禁烟。此外，还有助于理解荷兰关于是否允许在除老板外没有雇佣其他员工的小酒吧中吸烟的讨论（参见 https://www.centreforpublicimpact.org/case-study/smoking-ban-netherlands-2008-amendment-tobacco-act/）。最后，如果补充相应信息，告诉消费者烟草业向烟草中添加了成瘾物质，则这种信息又将产生何种影响？了解感知因素有利于解释这一问题（参见 https://www.jellinek.nl/vraag-antwoord/worden-aan-tabak-stoffen-toegevoegd-om-de-kans-op-verslaving-te-vergroten/）。

理解感知因素有助于顺利实施风险传播，让外行得到帮助或受到积极影响。一名荷兰科学传播专业的学生就疫苗接种采访了一个人。采访表明，受访者以为疫苗接种会注射人工制造的抗体。当这名学生解释说，事实上注射的是一种减毒的天然病毒，而抗体由身体自己产生时，受访者对风险的看法发生了转变，她也认为接种疫苗风险较低，因为这种风险是自然的，而非不自然的。信息能被有效传达也可能是因为他们之间建立了信任，学生被视为中立的、非常值得信任的消息来源。毕竟，政府一直在传递类似信息，而疫苗接种的反对者只是通过质疑疫苗接种的自然性来破坏这种沟通。尽管采访的目的不是传递信息，更不是为了说服，但第二天学生来到教室时便感到非常开心，因为她已经完成了第一次风险传播！因此，了解另一个人对风险的心智模型（Mental Model）对于有效的风险传播来讲非常重要[17]。

7.2.3　当外行对风险的评估高于专家评估时

人们对某些风险的评估比专家更高，特别是对于新出现的事物（参见表7.1）。人们会将新事物与一个长期存在而为人熟知的风险进行对比，以此为评估的参照点，然而，风险传播者不应该犯这样的错误，即把不可比的风险相互比较。例如，虽然焚化炉比吸烟对居民的威胁小，但吸烟是自愿的，而在附近建立焚化炉是强制性的，因此，进行这样的比较可能导致公众的怨愤。

许多文献探讨了风险对比并将其作为风险传播的有效工具。桑德曼（Sandman）[14]为合理的风险对比拟定了许多指导方针，但在风险传播中最重要的是沟通者必须扪心自问，自己是否真的想帮助对方，还是想引导其朝着某个方向前进，甚至会不会对他们的恐惧进行嘲笑。沟通者最好能被视为独立的消息来源，例如那名进行风险传播的学生。可以允许独立的消息来源比较不同类型的风险，因为当某行业的代表进行同样的风险对比时很难得到同样的尊重。在受众看来，任何有利益牵扯的消息来源都不够可靠。在这种情况下，开诚布公是最好的策略，"我承认我在此问题上有一定利益关系，但尽管如此……"。

沟通者需要理解人们对所面临风险的怨愤，在此基础上才能进行对话。如果没有理解基础，就可能会造成对立。富有同理心和开放的交流也很重要。沟通者可以明确地表达对受众怨愤的理解，也可以用一些姿势或使用某些短语来达到这个目的。他们应该理解人们可能会有的担心，并认识其背后的合理性（例如，因为某件事强加于己而感到怨愤），无论怨愤的程度的大小。需要注意，真诚和值得信赖是非常重要的。只有这样，沟通者才能获得信心和信任，使他们能够解释专家关于概率影响（Probability Impact）的观点。

已有证据表明，当危险对外行来讲非常严重时，他们完全有能力参与对危险的评估，然后他们就不会再那么依赖自己的直觉了，因此这显然不是一个能力问题。患者必须在了解疾病风险和相应治疗的基础上做出决定[18]；患者可以为医学领域贡献知识[19]；社区可以快速了解各种风险——以上都是很好的例子。布莱恩·韦恩（Brian Wynne）的一项经典研究描述了农民的地方性知识在处理切尔诺贝利核灾难沉降物方面的价值[20]。在风险传播中，专家总需要解决一个问题可能产生的影响，即使特定影响的可能性很小。例如，本章的一位作者参加了一个关于用火车在城市中运输氯的信息交流晚会。权威部门传达的信息是，"根据专家的说法，出问题的可能性非常小，一万年才会有一次事件，这种风险比美国小了很多，因为我们火车的耦合系统不同，所以我们有什么好担心的呢？"住在铁轨附近的人感到非常不安和怨愤，因为他们觉得自己没有被认真对待。此外，官员们没有提出紧急情况下的行动视角（没有像 Covello & Sandman[3] 建议的那样做）。他们无法回答以下问题，"我们应该疏散还是待在里面？""我们应该去阁楼还是地下室？""我们应该站在淋浴间吗？"这强化了缺乏控制和信心/信任的感觉，导致怨愤加剧。

为人们提供行动视角可以让他们对局势有更多的"控制力"。由于获得了更多的知识，从而减少了怨愤感。这样做还可以预防与压力相关的症状（当人无法逃避或控制局势时，压力和相关的身体症状就会出现。在此情况下，人们无法直接撤离，当他们不知道如何处理紧急状况或如何逃避危险时，就会产生压力）。因此，在所有风险传播中提供行动视角都是具有价值的[21]。

通过提供行动视角可以实现更好的沟通。荷兰火灾沟通的变化就是一个简单而恰当的例子。直到几年前，当地传递的信息往往还是"对公共健康没有危险"。这是一个模糊的信息，因为所说的是区域整体的健康情况，而不是个人的健康。如今，消防车上这样写着："远离烟雾。"

7.2.4 当外行对风险的评估低于专家评估时

外行认为某些风险很低，而专家却认为存在很大危险。例如，人们认为吃高脂食物是非常正常、非常自然的，或者认为酒后驾驶时仍然能对车进行控制（参见表7.1）。在这种情况下，风险传播者可瞄准可能增加怨愤的感知因素，因此，在视频等竞选材料中，受害者可能被描绘成人们身边的人，例如受害者也可能是你的孩子，然而，仅仅制造恐惧是行不通的，沟通者还必须向人们提供行动视角[22]。人们如何避免风险？在传统大众媒体对健康饮食、日常锻炼和代驾司机的宣传中都体现了这种做法。墨西哥的一个巡回展览针对当地人低估活火山灰烬危险的问题也采用了类似的方法（参见方框7.1）。

沟通者希望对人们产生多大的影响，这是一个伦理问题。在什么程度上给予人们建议，又在什么程度上开始强制选择？本章末尾将深入讨论这个问题（参见第8章）。当沟通者试图说服对方时，就会挑战某些人的自主性。似乎只有在重要问题上由政府部门发起说服性沟通才合情合理，因为说服性沟通没有其他替代方案。范·沃尔科姆（Van Woerkom）[23]对此给出了一些可行的指导方针，提出在难以发现问题、难以实施惩罚的情况下应该允许说服性沟通，例如人们将用过的食用油或机油冲进马桶，或将电池与家庭废物一起处理。据他说，也可能是其他政策成本过高，例如，人们结束森林徒步后最好将废弃物带走，因为市政当局无法到处放置垃圾箱。最后，其他措施可能过于耗时。例如，当灾难发生时，受灾地区的人应立即进入室内躲避。同样，说服性沟通和义务教育仍然是预防艾滋病的最佳措施，因为目前还没有治愈艾滋病的方法。

方框 7.1　针对火山未知危险的风险传播

文字来源：Elaine Reynoso 博士，研究员/科学传播者，墨西哥国立自治大学（UNAM）。

1997 年，墨西哥城波波卡特佩特火山（Popocatépetl）产生了大量危险的火山灰。之后，墨西哥举办了一次巡回展览，向住在墨西哥中部的居民宣传活火山对生活环境的危害。策展过程中考虑了风险认知的差异，并做出了恰当处理，提出了相应的行动视角。

波波卡特佩特在 Náhuatl（当地土著语言）中的意思是烟山。这座火山和附近的伊斯塔西瓦特尔火山（Iztaccíhuatl，意为"白娘子"，因被积雪覆盖而得名）是墨西哥中部人口稠密地区的突出景观。该地区有墨西哥城、普埃布拉、库埃纳瓦卡等大城市，还有许多较小的城镇。火山是当地文化的一部分，一直是小说家、画家、摄影师和电影制作人的灵感来源，也很受登山者的欢迎。很难想象这些受人喜爱的火山中有一座会具有这么大的威胁性。

火山灰干燥时呈轻微粉末状，看起来人畜无害，然而实际上危险性很大。这些灰烬磨蚀力很强，会对眼睛、呼吸系统、电器等造成极大伤害,还会对交通和飞机构成威胁。当这些灰烬遇水变湿时,会形成一种非常稠密和沉重的物质,如果在屋顶上甚至会导致屋顶塌陷,如果排入下水道则可能导致污水系统严重堵塞。

虽然在火山灰沉降后,不断有媒体告诉人们应该如何处理火山灰,但由于使用了常见的"灰烬"(ashes)一词,使人们很难理解潜在的危险,因此,墨西哥国立自治大学(UNAM)举办了一个小型巡回展览,向墨西哥城居民提供必要的解释和建议,说明在火山灰沉降之前、期间和之后应该做什么。采用的行动视角包括获得防护装备、将水箱盖起来、将所有东西归集起来装在袋子里、干燥时将灰烬从表面上掸掉,以及不要将灰烬扔进下水道等。

展览策划的前期评估对媒体如何处理这一问题作了分析,并采访了该地区的居民,询问他们对这一问题的了解,他们的恐惧、关切、替代性描述框架及对火山灰等术语的理解。

2000年,波波卡特佩特火山发生了一次大爆发。风险地区的其他城镇也希望参加展览,因此,对展览内容进行了扩充,增加了其他火山风险及通过多年火山监测获得的新知识[24]。

扩充后的新展览传达了以下信息:火山活动是地球不断变化的结果,灾害是由于缺乏知识和预防造成的,科学为采取行动提供了必要的知识。展览提供了关于火山及其活动的信息,如何监测火山,以及在喷发情况下告诉人们怎样应对。最后,当地关于波波卡特佩特火山和附近的伊斯塔西瓦特尔火山有很多历史传说及文化概念,这些也是需要考虑的重要因素。

研究还表明，沟通与配套政策配合起来效果会更好。例如，一场反烟酒的宣传活动如果能和借助税收、年龄限制和榜样力量的控烟政策相结合，将取得较好的效果[23]。最后，信息还必须符合个人的社会取向[25]。信息与人们目前持有的观点越不一致，人们就越难接受这个信息。沟通者也应该意识到，人们不会主动寻求反驳他们现有想法的信息。情况恰恰相反。人们对证实自己想法的信息持开放态度。这被称为"证实偏差"（Confirmation Bias），该术语由Wason在1960年提出[27]（参见第10章）。

在这种情况下，为了制定沟通策略，沟通者还必须了解支配人类行为的因素，换句话说，具备行为理论的相关知识至关重要（参见第8章和第9章）。

7.3 决策者的风险视角

政策制定者（和公司负责人）试图尽可能降低风险，但他们的预算有限。风险政策的总体目标是将每年由特定活动或产品导致的死亡率限制在百万分之一（10^{-6}），因此，政策制定者就会迫于公众压力，对住宅附近的高压电线或移动信号塔采取措施，因为人们觉得其"不安全"（参见表7.1）。

举例而言，荷兰国家公共卫生及环境研究院（RIVM）[26]认为，根据未经证实的高压电线与儿童白血病的潜在关系，在荷兰每1500万人中高压电线每年至多导致一人死亡。如果对目前的输电系统进行技术调整或将输电塔或房屋搬迁到其他地方，避免一次死亡可能需要 350 万～10 亿欧元的支出（392 万～11.2 亿美元）。相比之下，就交通事故而言，一个人只需花费 1000～100 万欧元（1120～112 万美元）就可以避免死亡，然而，人们却不太关心交通风险，因为交通风险是长期存在的且为人熟知的风险，75% 的人也认为他们的驾驶技能超过平均水平（参见 McCormick、Walkey & Green[28] 对此效应的阐述。这种效应是由所谓"虚幻的优越感"（Illusory Superiority）的心理学机制导致的），因此对风险有控制力（参见表 7.1）。

在对医疗干预的评估中，关于额外获得一个健康生命年的可接受成本也有类似讨论（通常认为在 50 000 美元内，尽管在现实中有时人们会投入更高的金额，有时又因为缺钱而投入不足[29]）。

7.4 媒体和利益集团的作用

外行对风险的最初反应往往是凭直觉产生的，因此他们很容易获得支持和大量回应。这种影响被称为风险的社会放大效应（Social Amplification）。如今，困惑和不安情绪可以通过社交媒体快速传播[21]。这样，新发生的、可怕的小事件就会造成巨大的社会动荡，利益攸关方甚至可能遭受经济损失，或者可能在社会中导致强烈不安感，而这其实完全没有必要。例如，一份关于 UMTS/4G 信号塔潜在威胁的报告可能会让提供商承受财务损失，或者一些传染病病例可能会导致客运交通严重中断。

除放大效应外，风险信息也会衰减（Attenuation of Risk），但这个过程似乎较为被动。在这种情况下，对于人们基于感知因素会将风险认定为危害较低的风险，相关信息根本不会得到有效传递。当利益攸关方发现某一信息不受欢迎时（例如烟草游说者淡化吸烟的危险）或真心不认同关于高风险的信息时，也可能发生信息衰减。关于风险的社会放大和衰减框架（Social Amplification and Attenuation of Risks Framework），可参见 Hermans、Fox & vanAsselt[1]、Kasperson & Kasperson[30]、Pidgeon、Kasperson & Slovic[31]、Renn[32-33]的相关文献介绍。尽管德国风险评估学家雷恩（Renn）[32]已经表明，相关工作往往充分考虑了社会反应，很少引发恐慌情绪，但社会放大效应的概念确实值得深思，并有助于理解与新风险相关的一般沟通过程。在这种情况下，涉及新技术应用的相对小规模的事件似乎被视为发生灾难的先兆。激进组织也可加入讨论，增加对风险的感知。社会组织更愿意在讨论中引入个人故事，因此相比于政府或专家喜欢用抽象概率表达风险来讲，社会组织传递的信息更能打动人，然而，支持团体确实差异很大，某些团体可能比其他团体更容易参与实质性的科学辩论。对于风险传播者来讲，与风险承担者建立良好的沟通渠道并预先评估消息传递方式是至关重要的。媒体在沟通过程中扮演着举足轻重的角色[7,11]。只有不寻常的事情才能成为新闻，因此讲述新出现的或较为罕见的危险的故事经常成为头条。这也是人们准确记住这些风险并认为其具有威胁性的原因之一。这些都是被唤起的负面记忆（参见表7.1）。在对感知因素的研究中，斯洛维奇（Slovic）[13]向受访者提供了一份风险清单,并要求他们指出哪种风险的受害人最多。受访者高估了最不可能发生的风险的死亡率,如肉毒杆菌中毒和疫苗接种。正是因为这些问题非常罕见,所以报纸上进行了报道。相比之下,受访者低估了更大的风险,例如得糖尿病的概率。

此外,媒体确实偏向报道负面新闻,如事故和死亡。头版标题背后的真实故事往往只能在报纸的其他地方读到,而且,媒体往往对利益攸关方之间的冲突最感兴趣[34](参见第6章)。

所有这些都可能引发社会放大效应,在这个过程中,激进组织制造了冲突,媒体进行了报道,利益攸关方被迫做出回应,然而,在新闻职业道德的要求下,媒体也应该听取正反双方的观点,并留意关于风险的各种意见,然后,由于专家显然不同意这些看法,因此可获取的知识看起来非常有限,这就可能导致人们产生风险失控的感觉,然而,相反的情况也可能发生。如果对正反双方给予同等重视,有可能得出结论,认为风险并没有那么高或那么紧迫,例如当所谓的怀疑论者在媒体的气候变化报道中得到过高或过低的关注时(参见第6章),因此,媒体可能会人为放大或缩小风险。

社交媒体对这种社会放大效应有加强、加速的作用。令人震惊的新闻很快就会被分享,例如在 YouTube 上很容易找到激进分子讨论疫苗接种危险的视频。另一个例子是 2009 年的大流感,有人诬陷是制药公司为了卖出更多疫苗制造的阴谋,从而破坏了对卫生部门的信任[35]。在一些国家,随着 12 岁女孩为预防宫颈癌接种人类乳头瘤病毒(HPV)疫苗,也出现了类似的恐慌情绪,然而,后来荷兰发生的情况正相反,这表明谣言也可以通过社交媒体被迅速揭穿。

女孩们自己似乎特别害怕接种 HPV 疫苗时长长的针头和疼痛感。在后来的 HPV 疫苗接种活动中，女孩们通过社交媒体彼此宽慰。接种过疫苗的小组告诉同龄人情况并不那么糟糕[36]。这个例子显示了风险的社会衰减。

社交媒体也可以帮助人们更快了解真正的威胁，就像在中国微博上发现的 H7N9 病毒爆发[35]一样。荷兰卫生委员会表示，总体上公民通过更为公开的科学信息和公民科学项目（参见第 5 章），可以自行产生和分享可能与官方数据冲突的数据[21]。

现代社会媒体对风险传播的确切影响尚未得到广泛研究。尼利（Neely）[37]认为，风险传播者应该拥抱社交媒体，因为社交媒体在传播、扩散消息中发挥着巨大作用。世卫组织也呼吁卫生部门积极用好社交媒体这一工具[35]。

7.5 回应过程

风险传播应该是一个开放的过程。通过回应相关人员的问题和恐惧，让利益攸关方以某种形式对决策过程产生影响。沟通者可以将风险传播塑造为一个回应过程（responsive process）。在回应过程中，参与者相互倾听，并根据协商结果采取行动。各种研究表明，在环境决策等方面，反应迅速、参与性的进程可以让决策更好、更具合法性（参见方框 7.2）。良好的、真正的、及时的和持续的参与是有效回应的前提条件（National Research Council, 2008）[38]。

> **方框 7.2　实践中的回应过程**
> **——社区对液化天然气（LNG）的支持**
>
> 文字：BarbaraCampany，高级技术总监，澳大利亚 GHD 公司
>
> 　　这个回应式风险传播过程的案例源自我在 GHD 做环境风险传播工作时的经验，当时我的岗位叫作"利益攸关方参与和社会可持续性"。GHD 是澳大利亚水、能源和资源、环境、房地产和建筑及交通等全球市场的专业服务提供商。我的工作经常涉及需要立法批准才能开发的项目。
>
> 　　有一个项目是在澳大利亚新南威尔士州北部批准和建造液化天然气储存设施，因此需要在 2011 年至 2013 年期间争取当地社区的支持（安装和风险是非自然的、非自愿的；可能存在不可控性、不熟悉、知识、利益分配等方面的问题，因此可能导致怨愤）。除了这类项目引发的一般性环境问题之外，最易导致情绪化反应的一个问题就是液化天然气设施及土地清理可能会侵蚀考拉栖息地。考拉在澳大利亚是一种受人喜爱的濒危物种，特殊利益团体为保护考拉的活动倾注了很多热情（因此潜在的受害者虽然不是人类，但却是大家熟知的对象，而不是冷冰冰的统计数据）。在与考拉（和其他动物）利益团体对话时间的把握上，可以采用彼得·桑德曼的风险传播方法。
>
> 　　GHD 公司希望设计一个行动计划，与当地受影响的社区和利益团体进行有效沟通，以便在环境评估的早期考虑他们提出的问题。公司还承诺这个计划应具有包容性，通过有关方的参与和信

息披露，在公司和相关社区（包括当地利益团体）之间逐渐培养一种互信的关系。

那些最关心潜在影响的当地人通常直言不讳，对公司坦率、开放和包容的承诺有些怀疑。利益攸关方多次参与研讨会，有助于确定关键的环境关切，并共同确定风险的处理和缓释计划，使双方关系变得更加牢靠（增进互信）。公司承诺了解相关关切，共同商定处理方法，并在评估条件中清晰地表述这些关切。事实证明这样做是有效的，因为社区和利益团体的参与也是风险处理过程的一部分。不应由公司在脱离社区和利益团体的情况下独自完成评估，然后将其作为既成事实（Fait Accompli）交给社区去评价。事实上，社区和利益团体参与制定了一些评估标准。

这些利益攸关方通过多次简报做出了重大贡献，完善了动植物管理计划。这些计划涉及他们的核心关切，如确保动物在清理场地之前有足够的时间在最小的压力下重新安置巢穴，进行粪便学研究以确认考拉的存在，同时公司要提供其他专门用于考拉栖息地的永久性土地。由于利益攸关方对所适用的环境条件能施加较大的影响，因而降低了公众的怨愤。

相关方对所产生的成果享有共同所有权。他们的参与为整个沟通过程增添了可信度，有助于明确公司应该承担的责任。这些都体现了桑德曼的风险传播怨愤管理模型在实践中的运用。

组织风险回应时，应该确保其确实有可能影响风险政策和风险感知[14]。同时，最好能了解风险责任人或相关的风险传播与各种利益攸关方在历史上的交集。有时，消息来源方的名声不好，这样代表消息来源方的沟通者就无法避免历史包袱。在信任水平较低的情况下，如果外行可通过诸如科学商店[39]等渠道获得第三方专家的支持，可能会有所助益[40]。

在所有关于风险的讨论中都存在一个问题，即有时并不清楚谁应对可能出现的问题负责。一些政府机构无法充分监测公司是否遵守营业要求。可能不清楚谁到底对什么负责，应该和谁谈，由谁负责控制风险？（参见 Beck 文献中"有组织的不负责任"概念[41]）。政府的当务之急是对问题进行澄清，这也是风险传播的一部分[21]。

在回应过程中，联合评估可以确定哪些风险是可接受的。公民不一定要求百分之百的零风险。基于道德方面的考虑，特定情况下的特定风险可能是完全可以接受的。在这种情况下，应该讨论如何实现利益和风险的公平分配，而不是讨论风险的具体水平。这对交流有着重要意义。该框架从"风险非常低"的主张（重点是让人们相信这一点）转变为"由于建立了一个公正、公平的利益和风险分配制度（例如补偿机制），这种风险变得可以接受"[42]。

对处理气候变化等更为复杂的风险及与纳米技术、合成生物学等新技术相关的风险而言，建立回应过程尤其重要。现实中，当沟通者面临沟通复杂风险的挑战时，应该尽可能地借助可以得到的一切帮助（参考方框 7.3 中的一些建议）。

方框 7.3　对风险传播实践的几点建议
技术性信息：过多的技术性信息会让人们只见树木不见森林，

> 所以在沟通中应该尽量简化，但有时法律上强制提供完整的信息，因此，最好以"摘要、正文、附录"这种分层的方式提供信息。在网站上，人们可以使用诸如"摘要""全文"和"引用/链接"等术语，逐步导向完整的信息。
>
> **术语**：应该特别注意与日常语言含义不同的专业术语。例如，公众常常将"暴露"与直接损害联系在一起，但对毒理学家来讲却不是这个意思。"显著性"是一个统计学概念，但如果一个沟通者说没有发现癌症在社区中有显著性存在，这可能会让人们感到怨愤。如果荷兰有"中度雾霾"警报，这意味着情况非常糟糕，患者应该提到警惕。此外，在荷兰"严重"的土壤污染并不总是意味着需要紧急处理。有时，污染被控制在混凝土层下，因此没有危险。
>
> **资料来源**：在 Sandman（2014）[14]、Gutteling & Wiegman（1996）[43] 的基础上结合作者个人经历整理。

有很多文献关注框架效应、叙述（讲故事）和情感在信息和交流过程中的使用。这些概念与科学传播和讨论具有广泛的相关性，但这超出了本章的范围（参见文献 [44-45]）。

7.6 指令式沟通还是回应式沟通

在上述途径中，风险传播似乎困难而复杂，尽管并非完全不可能，但是，如何处理沟通过程呢？一种途径涉及通过说服性沟通来影响行为（参见第 8 章和第 9 章）。另一条途径则是给予公民自行决定的自由，并通过回应过程对风险进行讨论。

专家和公民对风险的评估是不同的。在开始沟通过程之前，深入了解公民对风险的认识非常重要，然而，这一进程并不总能以推动宣传运动的形式告终。应该认识到，对风险可以存在多种解读，当风险涉及道德、法律和社会等更广泛层面的影响时更是如此。在这种情况下，建立社会对话可能比发起宣传运动更为明智。

通过回应行动，承认风险的道德和社会层面，就可以从更广的视角来看待风险传播。这种方法认识到风险具有不确定性和复杂性，不能通过单一办法来解决。此外，各利益攸关方之间可能存在利益和价值观冲突，因此无法提出明确的行动视角。下面通过一个例子来讲明这种困境，其中引入指令式和回应式策略作为沟通过程的两个极端化路径。

两种风险传播路径：想象下面的情景，最近，一种危险的禽流感变种开始在某地区肆虐，专家说会传染给人类。政府决定启动疫苗接种。国家免疫规划（NIP）的一名传播专家已受托为这种疫苗设计一场宣传活动，该疫苗经过测试表现良好，将提供给儿童和其他人群接种。疫苗中的主要成分已经使用了很长时间，但为了对抗这种特殊的流感病毒，对其进行了改良。为提高疫苗效力而添加了新的成分，并首次用于人类。针对此疫苗的宣传活动，如果分别使用指令式和回应式的沟通策略将会是怎样的呢？

路径 1：指令式沟通策略

在第一种情形下，NIP 旨在通过减少人们对接种疫苗风险的错误认知，尽可能提高疫苗接种率。使用新的疫苗成分是次要的。研究已经表明对人群没有风险。

除了向观众通报疫苗的安全性，还要积极监测人们对疫苗的态度及对风险的预判和感知。了解这些有利于实现目标，从而降低对疫苗接种风险的怨愤。NIP 认为应该对公众进行教育，以消除社会上对疫苗接种的误解。正是因为信息和信息来源可能是复杂的、误导性的、不准确的，公民就应该免受这种影响的保护。不仅要深入理解政府行动的目标，还要过滤通过许多其他渠道传递给公众的信息，如互联网、报纸和电视，因为这些渠道可能会错误地呈现风险。当利益团体编造疫苗副作用的谣言并动员公众反对政府行动、破坏科学权威时，这样做就更加有必要了。

因此，这种情形的突出特点是公众无法区分疫苗接种的利弊。此外，还要积极运用既有手段和新的手段来提供信息和指导，以说服公众，然后，可以从目标群体中接种疫苗的人数（接种疫苗的水平）直接推断出围绕国家疫苗接种方案的宣传活动是否有成效。

因此背后的逻辑是，"针对卫生建议在公众中接受度较低的问题，公共卫生保健系统主要将其诊断为一个技术问题"，即认为"干预措施不起作用"，并试图通过"提供更多关于危险行为的知识"等方式寻求解决方案，以便公民能够转向更健康的行为[46]。

路径 2：回应式沟通策略

在第二种情形下 NIP 选择了不同路径，将人们不愿意接种疫苗视为合理个人观点的结果，而不是对政府信息理解不正确或不充分的表现。这种个人观点可能与疫苗本身的供应和关于疫苗的信息有关。尊重目标群体的关切和他们拒绝接种疫苗的选择在这种路径中是非常重要的,同样也需要认识到现有的科学知识也遗留了很多未解答的问题。并不是所有的风险都有同样充分的证据。此外,不仅应在信息或风险感知层面上考虑公众的关切和批评,还应在互动方面对其加以考虑。重点是如何在与专家互动中体现并塑造公众关切。

在这种情形下对公民的批评和担忧应持开放的心态审视,并将其提供给科学家参考。这样,NIP 便可以促使决策者做出更好的决策,然后科学家就可以做出相对应的反应,这就产生了一个回应过程。不管结果如何,有效的疫苗接种计划都能促使各方面联系更加密切。

沟通者现在使用的描述框架是:每个人都可以做出自己的决定,沟通者愿意帮助人们做出选择。根据目前的最新知识,NIP 相信这种疫苗是安全的,可以减少许多病痛,但我们对大家的问题和担忧持开放态度,我们理解可能有其他考虑因素会影响你的决定。

两种风险传播情形引发了一个共同问题:什么时候应采用哪种路径?这些案例表明,风险传播不仅是一个如何沟通的问题,还包括沟通者对指令式或回应式路径的选择。在众多考虑因素中,沟通者职业身份的作用和实际上由谁来决定如何表述风险是两个重点。

在考察沟通者职业身份的作用时出现了一个问题,即目标受众的风险感知是否可能与沟通者的风险感知存在差异?公民有多大自由做出不同于沟通者喜欢的选择？在第一种情形下，沟通和互动是具有相当大指导性的，公民做出不同选择的自由是有限的，"健康利益受到威胁，因为情势非常紧迫，所以必须无条件地立即采取行动"。

但在第二种情形下，自由度要大得多。同时，沟通者可能会认为第二种情况下疾病控制的有效性会有所下降，但是，这并不符合沟通者所在机构的目标和性质，因为预防疾病、降低流感死亡率是相关机构的工作重点。这样看来，第 1 个沟通情形更加适合达到既定目标。那么为什么沟通者还有理由选择第二种路径呢？

除了疫苗接种计划的紧迫性问题，还需要考虑应由谁来确定流感具有极强的威胁性。此外，沟通者可能会希望了解有无更好的方法来应对这种疾病及新疫苗是否安全。科学知识是否完备？如何权衡利弊？这应该由沟通者根据直觉还是经验来决定的？沟通者会把这个决定权留给科学家或雇主？或者留给受邀接种疫苗的人？沟通者会允许这些人自行做出选择吗？当媒体或网络舆论出现争议时，将更难引导人们的态度。从这个角度来看，第二种情形似乎就不再那么奇怪了，因为在回应式沟通计划中，沟通者可以对讨论有一些预期。此外，如果表明疫苗可以自愿接种，怨愤就会减少，对风险的抵触也会缓和一些，借用桑德曼（Sandman）[47]就是"说'不'的权利让说'也许'变得容易得多"。在这两种情形下，信任均发挥着重要作用。对医生的信任仍然很高：当医生建议接种疫苗时，许多人仍然认为这为采取相应行动提供了充分理由。

7.7 结论

本章表明,风险传播者了解利益攸关方对风险的想法和感受是至关重要的。有必要深入了解不同群体的观点。他们知道什么或者自认为知道什么?他们有什么感受?他们想要实现什么?哪些风险感知因素发挥着作用?是否可以提供行动视角?提供多少指令?回答了这些问题后,就可以制定沟通策略。

正如本章所述,专家、公民、政策制定者和媒体处理风险的方式可能有很大差异。专家是根据概率和影响来考虑风险的。公民的第一反应与基于风险背景的感知因素有关,主要是考虑风险有多大威胁性或未知性,是否公平,以及对(风险或沟通过程的)来源有多大信任。专家和外行对风险的看法往往是对立的。一方估计存在高风险,另一方认为是低风险。政策制定者面临着对风险的不同看法,必须在财力限制下制定风险政策,为风险传播带来了挑战。媒体和利益集团可能会放大某件事的风险,但它们有时也会减弱人们感知到的风险。

风险传播者必须游刃于相互对立的看法之间,在尊重并了解其他利益攸关方立场的基础上,促进回应过程的开展,然而,在风险传播过程开始之前,必须决定在沟通中是采用指令式策略还是能给公民更多意见空间的回应式策略。当然,两者之间存在很大的灰色地带,并且两个极端情况都有各自的理由。需要牢记,选择与目标受众利益相冲突的视角可能会导致实现与预期相反的目标。

由于本章篇幅所限,建议进一步阅读《有效的风险传播》(*Effective Risk Communication*)[48]一书。

第 8 章

健康传播

8.1 导言

尽管大多数人声称自己重视健康，但他们的行为并非如此。比方说，人们一般会注意抽烟、（过量）饮酒、不健康饮食或不安全性行为造成的负面影响，但这种意识并不会引导健康的行为[1]。为了改变这些不健康的行为，人们必须提高认识，具备正确的技能、信心、态度和（社会）支持来采取行动。此外，大多数健康问题是多原因引起的，不仅受到行为因素也受到环境条件的影响，因此，需要一个综合方法来应对这些原因。另外，行为的决定因素和环境条件是多样的，远不止知识或意识，还包括了态度、技能和与行为相关的自我效能，因此，为了有效地对健康产生影响，有关健康的传播必须跳出单纯提供信息的范畴。

健康被看成幸福必不可少的宝贵必要条件，而健康传播是增强和激发健康行为的一种方式。健康传播以行为、生物医学、心理学和社会科学为基础，并使用科学知识来促进健康和良好状态。健康传播是一种已经确立的基于循证方法的职业。"健康传播"这个术语是涵盖了健康教育、健康促进、医疗保健、生物医学传播和患者教育方面的各种交流实践的伞状术语（概括性术语）。健康传播借鉴了许多包括流行病学、生命科学、生物医学科学、社会和健康心理学、传播科学、科学传播、市场营销、社会学和政策科学等其他领域的知识。

虽然并不完全一致，健康传播和健康教育或健康促进有类似的规划目标和方法。健康教育需要"任何有计划的学习经验组合，旨在预先安排、促成和加强有利于个人、群体或社区健康的自愿行为"[2]。健康促进适用范围更广，涵盖疾病预防到健康加强各环节。它是指"任何有利于个人、群体或社区健康的得到教育、政治、监管和组织支持的行动和生活条件计划组合"[3]。

健康传播从业人员通常受雇于政府、半公共机构、医疗保健组织、国家知识机构及其他健康促进机构和组织。他们都专门从事健康传播，但具有健康科学、医学、生物学、食品科学和健康心理学等领域不同的专业知识、资格、背景和学位。

健康传播从业人员计划、开发、实施和评价干预措施，例如公共卫生活动或生活方式计划。他们进行或委托研究以更好地了解信息和策略如何影响与健康相关的行为。他们经常共同制订计划或活动，并确定如何以最佳方式实施这些计划或活动并使其参与评估。他们的健康促进策略经过系统化设计、实施和评估，来确保目标和传播策略与目标受众相关，目标受众通常被称为健康传播的优先群体，更有可能影响干预效果。健康传播从业人员在系统化理论驱动的干预计划制订中使用了几种发挥重要作用的解释性和行为改变模型。

本章介绍了健康传播领域、职业从业人员，以及他们影响健康相关行为的工作模式。作为导入部分,本章仅涉及健康传播行为和理论的基础知识,在任何意义上都不可被看成对所有健康促进、教育和传播基础理论和实践的完整概述。

8.2 健康的概念

健康是什么?它和身体是如何关联的?人不生病就是健康吗?1948年,世界卫生组织将健康描述为"一种躯体上、精神上和社会上的完全良好状态,不仅仅指没有疾病或病痛"[4],因此,健康可分为多个不同的级别,各级别如下:

(1)客观健康:由生物医学参数确定或由医学专业人员诊断的,器官生物医学水平上的健康;

(2)主观健康:通过个人感受形成的对健康或良好状态的看法;

(3)社会健康:通过在社会中的功能起效确定的健康。

对世卫组织定义的批评引出了一个更具活力的定义,该定义基于保持和恢复个人完整性、平衡和幸福感的弹性或能力,"健康是适应和自我管理的能力"[5],因此,有生理缺陷的人不一定就是病人。例如,糖尿病人在控制好病情并调整生活方式的情况下可以很好地完成其社会功能并感觉自己是健康的。

将健康看成适应和自我管理能力的定义暗示了个人的另一种责任。在医疗卫生环境下,这与患者对自主性和共享决策的需求增加密切相关。这种对患者和大众参与性的日益关注对健康传播有所启示。健康促进涉及与目标人群的合作，借以了解他们的需求、确定可用资源、创造支持和动员社区。事实上，社区参与是成功的健康促进的基础[7]。社区成员可以在不同程度上进行参与。参与阶梯[6, 8]通过定义"从不参与""低参与"到"高参与"或"自发参与"的梯级来形象化公民参与决策的程度，如图 8.1 所示。

图 8.1　一种参与类型[6]

公民增长的参与度和自主性意味着他们对自身生命和环境的负责。在环境传播领域中也可以见到类似的过程和传播方法（参见第 9 章）。（国家）政府机构推动了这个进程。鼓励公民建立健康自我干预，敦促医务工作者与组织和公民达成不同程度的合作安排。此外，干预数量的增长涉及旨在激发参与者做出选择来改变行为的方法和策略的使用。自我监管[9]和动机性面谈技巧[10]正在迅速普及。

一方面是完全自治和公民动员，另一方面是威权主义和政府控制,这两者之间总会存在紧张关系[11]。毕竟,健康促进旨在改善特定人群的健康,影响并改变其行为,或创造支持性环境。人们会受到影响,从而改变自身不健康或不受欢迎的行为,通常是为了个人利益,也是为了更大的利益,例如降低社会的医疗成本。下面是有待解决的重要问题:健康促进对个人自主权在何种程度上会形成干扰并变得不受欢迎?对个人自主权的限制在多大程度上是可以接受的?用于阻止人们在酒精或药物影响下驾驶以防止致命交通事故的措施的接受度非常高。强迫成瘾者进行戒断,以此来避免他们造成的滋扰也是可以接受的,然而,在努力调整饮食习惯预防肥胖的过程中,什么手段是可以接受的呢?参见鲍曼(Buchanan)[12]"家长式健康信息"一文的讨论。

8.3 健康促进和疾病预防

健康促进和疾病预防的目标是影响健康行为和环境条件来提升健康及良好状态。疾病的预防或管理常作为不同级别的健康促进和健康教育的目标之一[13]。

(1)初级预防是指通过影响或消除风险因素,预防健康问题、疾病和事故的发生。

(2)二级预防包括健康问题的早期诊断和治疗,以减轻疾病、病症或状况及降低复发风险。

(3)三级预防包括用以控制和限制病情或疾病的后果的护理和

治疗，以改善和/或保持生活质量。

健康教育和健康促进通常可以提高意识、提供知识，和/或通过大众传媒活动进行具有说服性的传播。尽管有时提供知识或纠正错误概念和解决信念问题就足够了，但是行为或生活方式的改变一般不仅满足于提供信息。多种方法，诸如提供信息、有说服力的传播策略、直面有误解的人、打破习惯、教人们新技能，以及放置某些设施的结合更有可能导致行为的改变。例如，最成功的校本营养教育干预措施远不止关于不健康食品和饮料的宣传活动[14]。成功的干预，例如涉及全校的干预措施，是密集而全面的。措施包括了促进健康的学校饮食环境和努力提升父母或家庭支持度[15-16]。

1974年，生活方式被认定和接受为影响健康的主要因素。它包括了饮食习惯和运动模式在内的行为和手段[17]。生活方式还包括了个人对人类和社会的观点和看法：你想要成为什么样的人，你感觉与谁和什么有联系，以及这些选择的影响。生活方式还包括，诸如穿着、驾驶的汽车、阅读的报刊、交的朋友、听的音乐和去参观的场所。生活方式是交互发展的。换句话说，虽然人们选择穿某件衣服，但这种选择可能在很大程度上取决于他们的同龄人、父母和其他榜样。人们成长的社会和物质环境在很大程度上决定了他们的生活方式，而他们的生活方式也会影响到他们更喜欢在哪里进行社交和物质生活。生活方式、社会地位和健康密不可分[18]。毋庸讳言，健康促进者必须牢记个人和团体所处的社会文化环境，并在设计传播策略和资源时要考虑生活方式因素和喜好。例如，许多国家的不同人口群体之间存在重大的健康差异。例如，与社会经济地位（SES）

较高的人相比，社会经济地位较低的人群更有可能采取不健康的生活方式、行为、更难获得优质医疗保健机会，并遭受更多身心健康问题的困扰[19]。

值得一提的是对人们健康相关行为进行影响通常是不足以促进健康的。健康受到了社会、政治和环境因素的影响，这是一个被称为健康的生态视角的概念，因此，健康传播越来越多地包含多层次的传播策略和干预措施，例如个人层面的定制信息、群体层面的针对性信息、社区层面的社会营销、政策层面的媒体宣传及人口层面的媒体宣传[20-21]。

8.4 传播和健康政策

健康传播可看成（公共）健康政策实施的一部分。地方和联邦政府可使用各种政策工具来促进公共健康，包括宣传和交流（结点）、立法和法规（权威）、财务激励或制裁（财富），并通过向执行卫生政策的特定组织提供手段（组织）[22]。通常，会混合使用多种政策工具来影响人们的行为和环境。

第1个类别，结点，包括了通过提高认识、改变态度、促进动机、传达有利的社会规范，以及告知人们法律和法规的变化等手段可用于促进公共辩论、告知公众或说服人们采取健康行为，以及让人们关注相关设施的交流工具。以吸烟为例，干预措施可以让人们了解吸烟的负面后果，还可以引发关于在学校或儿童游乐场吸烟的公开辩论。另外一个可使用的工具是权威,即采取与吸烟有关的立法变更,例如在公共场所禁止吸烟(禁烟法规),然而,这可能会被人说成是说教和教化,可能会引起抵制[23]。将立法变更与宣传活动相结合可以减少阻力并增加支持。例如,要实现户外无烟校园,重要的是在该过程的早期阶段将户外禁烟立法与利益相关者的协作、沟通和参与相结合[24]。

"财富"类别包括了财务激励或制裁,以引导行为朝着理想的方向发展。在吸烟的例子中,增加香烟的成本可成为政府用来影响人们行为的金融工具。最后,组织与各组织实施政策的手段相关。例如,学校拥有多大程度的足够资源和政策来创建和维护无烟校园。

8.5 健康传播渠道

健康传播信息通过多种不同渠道,包括大众传媒、传单和小册子之类所谓的小媒体和人际交往进行传播。例如,通过电视广告和海报进行的大众传媒宣传是跨学科从广告到健康传播进行信息传递的知名途径。大众传媒宣传活动可以促进大量人群的健康相关行为的积极变化或防止其消极变化[25]。看起来,这些宣传对于一次性或偶发性行为,例如疫苗接种,比食物选择等习惯性行为有更佳的效果。

虽然这些活动可能会增长知识和提高认识,研究表明这类活动相对于态度和行为目标,更容易实现信息目标[26]。另外,一些科学传播研究发现知识的增长很少能带来行为的变化[27-28]。尽管有证据强调了大众传媒活动的这些局限性，但专注于增加知识的大众传媒活动在健康传播中仍然很受欢迎[26]。

在提高对健康问题的认识上，大众传媒活动也是重要的。由于活动可能涉及众多受众，它可以为相关的健康问题制定议程。一个例子就是当一位受欢迎的电视名人在电视上谈论结肠直肠癌筛查并分享了自己的亲身经历之后，美国人对结肠直肠癌筛查的认识提高了。2000年3月在丈夫因结肠癌不幸于42岁去世后，NBC主持人凯蒂·柯丽克，在"今日秀"节目上完成了结肠镜检查直播。这件事是为期一周的提高结肠癌意识和促进结肠直肠癌筛查系列活动的开始。

大众传媒活动的一个重要不利因素是对随之而来的沟通过程的不确定性。很难确定谁收到或没有收到消息，更不用说去确定那些确实收到信息的人将如何使用这些信息了[29]，而这在人际交往中并不是一个问题。

在人际交往中，健康传播者更容易通过语言和非语言互动检查优先群体是否掌握了信息。人际交往的形式如下：

（1）当面交流或对话，包括亲子教育、咨询、个人指导或讨论。当面健康传播的一个例子是与膳食学家进行的一系列咨询会议，旨在改变营养习惯。

（2）讲座之后是邀请提问，例如为孕妇及其伴侣组织的关于怀孕、分娩和照料婴儿的会议。

（3）展示，例如，如何进行人体复苏或心脏按摩的课程。

（4）团队信息或某人的同伴（也称为"同伴教育"）和自助小

组提供的信息。

这类人际交往的受众更少，所以与大众媒体宣传活动相比，人均成本相对更高，然而，参与者会更投入并有更多机会处理信息、考虑论点、练习和改善技能，所以从这个意义上讲，人际交往更为有效。互动通常会提高对行为改变的影响[29]。

8.6 健康传播干预措施的系统化制定

传播从业人员需要保证传播策略和方法满足传播努力的目标、适合优先群体，并基于理论和证据（参见第3章和第9章）。干预图方法（IM）是一种有6个步骤用于规划系统性基于理论和循证干预的协议[30]。干预图方法使用生态和系统的健康方法，这意味着要考虑个人更大的社会背景。干预图方法还通过优先群体和其他利益相关者，包括干预制定者、实施者和政策制定者的过程参与来鼓励各利益相关者之间的合作。表8.1展示了干预图方法迭代过程的6个步骤。

使用干预图方法框架开发的干预示例是Por Nuestros Hijos（为了我们的孩子）。该干预措施针对低收入或保额不足的11～17岁拉丁裔孩子的父母，旨在增加他们的女儿的HPV疫苗接种率[31]。

第一步：问题分析（问题的逻辑模型）

Por Nuestros Hijos的开发始于需求评估，以了解低收入或保额不足的德克萨斯人的HPV接种地方负担，以及影响父母接种疫苗的因素，包括对疫苗的态度、信念和障碍。需求评估包括分析文献、组建社区行动委员会及与目标人群进行定性研究。需求评估确定了与父母接受疫苗接种相关的几个决定因素，包括对 HPV 的了解、对疫苗的态度和感知障碍。

表 8.1　干预图方法的步骤和任务

步骤	任务
第一步：问题分析 问题的逻辑模型	● 建立并与计划团队合作 ● 进行需求评估创建问题的逻辑模型 ● 描述干预项，包括人口、环境和社区的背景 ● 表明方案目标
第二步：干预目标 变化的逻辑模型	● 表明行为和环境的预期结果 ● 为行为和环境结果指定绩效目标（子行为） ● 为行为和环境结果选择决定因素 ● 构建变化目标矩阵
第三步：方法 方案设计	● 创建变化逻辑模型 ● 生成项目主题、组件、适用范围和顺序 ● 选择以理论和证据为基础的变化方法 ● 选择或设计实用的应用程序以贯彻变化方法
第四步：方案 方案产出	● 细化方案结构和组织 ● 准备方案材料计划 ● 起草信息、材料和协议 ● 对材料进行预测试、精细化和生产
第五步：实施 方案实施	● 确定潜在方案用户（实施者、采用者和维护者） ● 明确项目使用的结果和绩效目标（子行为） ● 构建项目使用变化目标矩阵 ● 设计实施干预措施
第六步：评估 方案评估	● 书面呈现效果和过程评估问题 ● 开发评价指标和措施 ● 具体说明评估设计 ● 完成评估计划

（左侧纵向标注：评估 ↑　实施 →）

改编自巴塞洛缪 - 埃尔德雷奇等[30]。

第二步：干预目标（变化的逻辑模型）

在此步骤中，计划者列出绩效目标（或子行为），用以描述父母为女儿接种疫苗必须做的事情，并包括与医疗保健提供者沟通、同意为孩子接种疫苗及获得后续疫苗剂量的相关事宜。在此步骤中，计划者还需确定疫苗接种的决定因素，例如"为什么父母要为孩子接种疫苗"，并通过交叉决定因素和绩效目标来创建变化目标矩阵。这些矩阵随后可用于驱动方法、实际应用及干预内容和信息的选择。

第三步：方法（方案设计）

Por Nuestros Hijos 的传播策略包括一张图片说明和量身定制的互动多媒体干预措施，以视频和平板计算机上的互动教育模块的形式将健康信息个性化，并允许干预中的每位家长接收侧重于特定问题和决定因素的信息。干预的首要主题是保护：HPV 疫苗提供的保护及父母可以通过 HPV 疫苗接种为孩子提供的保护。HPV 接种的负面后果用于设定预期不良反应，通过一位母亲同意为她的孩子接种 HPV 疫苗来展示行为示范。

第四步：方案（方案产出）

方案包括了互动多媒体在线干预，这种干预结合了例如建模和说服等理论方法，并使用娱乐教育方法来传递信息，包括一对父母决定为孩子接种疫苗的故事。传播渠道包括人际交往（经由非专业医务人员）、小媒体（平板计算机上量身定制的互动节目）和图片说明。

第五步：实施（方案实施）

干预图方法用于为非专业医务人员制定目标，他们为拉丁裔青少年的父母提供 Por Nuestros Hijos。一个非专业义务工作者组织被列为社区咨询委员会成员。非专业医务人员由该组织招募，并接受了为期 2 天的培训。在培训中，医学专家向这些非专业医务人员传授了 HPV 和疫苗的知识，工作人员对他们进行了实施干预所需的技能培训，非专业医务人员进行了干预的实践。

第六步：评估（方案评估）

方案评价着重父母对孩子接种疫苗接受度的干预影响。初步结果表明，与未接触干预的父母相比，接受干预的父母更有可能为孩子接种 HPV 疫苗。在该项目中，干预图方法可用于确定与方案中间影响（例如，对决定因素的影响）相关的研究问题及设计与实施计划相对应的过程评估措施。

8.7 健康传播中的理论和模型

在开发健康传播信息之前，健康传播从业人员必须了解哪些因素或行为决定因素会影响目标行为或环境条件，以及人们如何处理信息，这是非常重要的。考虑到这一点，专业人员会利用各种常用的社会心理学理论或模型来解释或影响行为和环境条件。本节中的概述选取具有特色的应用最多或使用最多的理论和模型，而不是进行完整概述。可以参阅例如葛兰兹（Glanz）、莱姆（Rimer）、刘易斯（Lewis）[32]及巴塞洛缪-埃尔德雷奇等（Bartholomew-Eldredge et al.）[30]的文章获取更具体的描述。此外，鉴于篇幅有限，本章不包括对各种概念、理论和模型的经验证据或评价。

8.7.1 如何解释行为

常用的理论或模型是用于理解和解释包括社会认知理论（Social Cognitive Theory）[33]在内的行为理论和所谓的计划行为和合理行为[34-35]。

根据计划行为理论（TPB），意图是行为最重要的预测指标。意图指导行为。和安全性行为有关的一个关于意图的例子，"我将会和新结识的或临时的对象发生安全性行为"或"我和对象在进行安全性行为时不会使用安全套"。意图表示强度，即某人将做出的努力程度，"我希望和所有临时的对象进行安全性行为，我打算一直随身携带安全套"。态度、社会规范和自我效能是解释意图的潜在决定因素。技能帮助人按意图行事（例如，自信技能），而障碍则阻碍人这样做（例如，几乎没有安全套）。

（1）态度是某人对他或她自身的行为抱有的信念，以及对这种行为会带来什么后果的期望。以上涉及对行为的评估。以对安全性行为相关的评估为例，"我发现使用安全套太尴尬了"，或"带着安全套减少了很多的乐趣"。某人的态度和结果预期部分取决于其知识和以前的经验。

（2）社会规范，也称为主观规范或社会影响，表示某人相信对他重要的其他人会怎么做。"我没有哪个朋友会使用安全套。他们也觉得太尴尬了"。及某人认为他人，对他们而言重要的其他人会如何看待他或她该做的事及对某些行为的赞同或反对。"我妈认为我应该永远进行安全性行为"。这是对动机加权的规范信念的遵从。

即使母亲是具有影响力的他人，青少年还是时常会觉得同龄人的感受更为重要。知觉社会支持或知觉社会压力也是社会影响的一部分。

（3）自我效能包括了对自己参与行为的可能性的评估。感知困难和对自己能力的信心等因素在这里起着作用；个人或他人能够改变某事的程度。例如，某人能够继续使用安全套的信心。

计划行为理论是一个广义的理论，可用于解释众多行为而不仅局限于健康范畴。例如，该理论还常用在亲环境行为中（参见第9章）。

与计划行为理论相比，一些理论和模型更强调预期后果的利益和损失的衡量上，包括健康信念模型（HBM）、保护动机理论（PMT），以及平行过程扩张模型（EPPM）。

健康信念模型

健康信念模型常用于理解健康行为并为设计干预措施提供基础。该模型诞生于20世纪50年代[36]，基于采取健康行为取决于个人对特定状况或疾病的个人易感性和严重度的看法与感知到的益处和障碍之间相平衡的观点。这些决定因素影响人们采取行动的意愿。一个新增的概念，即行动提示，可以激活这种意愿并刺激明显的行为。另一个健康信念模型的补充是自我效能概念，该概念也同样包含在计划行为理论和社会认知理论中[37]。

保护动机理论

保护动机（PMT）理论[38]也是基于人们愿意保护自身和健康的原则。当出现健康威胁时，会启动两个认知过程：威胁评估和应对评估。一方面，人们会评估个人威胁。他们会权衡相关疾病或病痛的感知严重度和个人易感性。感受到的威胁越大,想要保护自己的动机就越强烈。另一方面,人们会评估自己应对威胁的可能性、潜在应对的有效性(反应效能)和个人采取行动的能力(自我效能)。这些评估将共同产生保护动机——一种自我保护行为的意图[39]。

平行过程扩张模型

平行过程扩张模型(EPPM)[40]表明确保自我保护的动机可以根据威胁的后果和应对评估呈现不同状态。如果没有感知到任何威胁或恐惧,人们将根本不作回应,也就不会采取任何行动。如果感受到巨大的威胁或恐惧,但对替代行为的有效性和/或对他们的自我效能缺乏信心,人们产生的可能是以回避为导向的防御性反应。他们会否认风险,不认真对待信息或忽视报信人或信息。如果人们感知到威胁并且知道如何应对,同时非常自信,他们将进行有效回应解决威胁,这被称为保护动机。平行过程扩张模型解释了引起恐惧的信息是如何导致不良反应的。只有当人们相信他们可以采取措施来阻止威胁时,恐惧激发才会有效[39]。

8.7.2 如何影响行为

能够理解和解释行为有助于旨在影响行为的健康传播干预措施的开发。可以对行为的决定因素施加影响,包括态度、社会规范和自我效能。知识是大多数行为决定因素中的重要一环。有鉴于此,知识传递通常是传播的第一步,但如前所述,仅靠知识通常不足以改变行为。吸烟者知道吸烟有害健康,但仍会点上一支烟。

再如，Por Nuestros Hijos 干预（参见 8.6 节）旨在提高母亲的自我效能，以支持她的女儿接种 HPV 疫苗。塑造榜样，包括 Por Nuestros Hijos 项目的照片说明中描述的母亲们，都可以用来改变自我效能。人们可以通过观察进行学习，因此，通过让榜样展示行为和技能并观察被强化的行为，自我效能会提高。值得一提的是，本节讨论的许多社会心理学理论基于认知过程。人们经常会有意识或下意识地去权衡展示某种行为的优缺点。在设计健康促进干预措施时会处理和详细说明这一过程。尽管如此，人们也会在无意识或非故意考虑这些因素的情况下做出许多（健康）行为决定。人是习惯性的生物，本质上会去做让自己舒服的、最省力的事。双重过程模型（Dual-process Models）[41] 指出，有两种不同的处理和决策模式：一个隐含的、无意识的、自动的、快速的过程（称为"系统 1"）和一个明确的、有意的、有意识的、缓慢的过程（称为"系统 2"）。详尽可能性模型（ELM: Elaboration Likelihood Model）[42] 将有意识的和下意识的决策过程结合起来。该模型指出，与主题相关、有能力处理消息并有动力处理消息的人将通过所谓的中心路线进行处理。换句话说，他们将有意识地考虑信息并根据论点的有效性权衡各种利弊。这种中心处理导致了态度的稳定变化，既积极接受信息，又消极拒绝信息。不参与主题的人对消息不会有任何兴趣，会通过外围路径处理信息，关注信息提供者的表面特征，例如信使或消息的外观和吸引力。

健康传播的目标是让优先群体能够对信息进行中心处理。实现这一目标的一种方法是让优先群体参与进来并增加个人相关性。例如，可以考虑角色扮演。信息处理的外围路径可用于吸引观众并引发对主题的关注，同时这样做可增加中心处理的参与度和机会[43]。

寓教于乐，一种将信息嵌入视频或电视节目的故事情节中的方法，它借鉴了详尽可能性模型的想法，以确保将信息传递给未参与的优先群体。这可让未参与的优先群体注意到相关主题，因为一旦观众将自己投射到所讨论的情境中，他们就会有参与感并能处理相关信息。

8.8 健康传播的评估和有效性

许多因素会影响健康传播方案的有效性[44]。当然，确定影响健康问题的重要行为和环境因素的系统规划是重要因素。考虑了这些因素并选取具有影响力的信息和传播策略进行精心设计的健康传播干预措施将会提高干预措施的有效性。陈述具体的行为目标，包括期望的结果、具体的行为和变化的目标水平，以便结果是可衡量的。

此外，考虑优先群体的人口特征也很重要。这可能包括需要关注弱势群体，并考虑文化或其他因素，例如不同的社会规范、感知风险、错误信息、信念、态度和可能影响行为的潜在障碍[45]。

另一个影响健康传播活动有效性的重要因素是选择适当的传播活动和渠道。在对目标人群进行决策影响的环境下，这需要仔细考虑和分析。鼓励优先群体成员和社区组织参与活动的设计和实施，并建立社区联系，这样不仅可以告知活动内容，还可以告知实施和传播策略，这是非常有益的。

如前所述，信息的内容和表达至关重要。应为每个特定优先群体设计特定信息。此外，规划者还需考虑优先群体的范围。干预措施的影响不仅取决于其有效性，还取决于它到达优先群体的程度，因此，需要考虑能够提高受众程度的渠道选择。信息开发的创造性是另一个和健康传播活动有效性相关的重要环节。信息应能抓住优先群体的注意力。这可以通过特别的途径，例如创建特定文化的图片、标志和口号实现[45]。

不同的研究表明健康传播干预措施对健康相关行为，例如抽烟、减少饮酒、性行为或癌症筛查影响不大[28, 46]。其中一个原因是这些干预手段主要依赖传播和教育来影响人的行为，但并未充分考虑健康的社会决定因素。

社会决定因素包括人的环境、社会经济和文化背景。这些在健康传播干预措施中较少得到承认和解决，而它们与健康问题的根本原因有关。这在社会或经济上处于不利地位且具有包括心血管疾病、癌症和 II 型糖尿病等慢性病风险较高的弱势群体中尤其如此。纳特比姆（Nutbeam）[47]引入了健康素养的概念，健康教育借此帮助人们克服结构性健康障碍。例如以技能发展为目标，改善人们获取健康信息的机会及其有效使用信息的能力。

8.9　结论

健康传播是健康教育、健康促进、生物医学传播、患者信息和遗传咨询重要的因素。健康受到个人行为和人类社会和自然环境因素的影响。过去,许多健康促进信息和策略单纯依赖认知理性模型并强调知识转移。对健康行为的其他影响因素(例如习惯和环境影响)的重要考量对改善这些信息和策略的有效性至关重要[48]。健康促进干预越来越多地侧重于改变物理环境或修改立法和法规。

在健康传播领域,提供信息一般无法满足影响人类健康相关行为和习惯的要求。很多情况下,有必要改变人的态度、社会规范和自我效能。除了这些认知因素之外,人们越来越关注如何去影响那些人的自觉意识较低的系统,例如情绪和自动行为。

因此,健康传播应重点考虑行为和环境、知识和其他行为决定因素,以及影响人类行为的有意识和下意识的因素。对健康产生影响的可能性在很大程度上取决于对开发和进行健康传播干预措施的关心。诸如干预图方法之类的系统化过程可以通过考虑多个层面上的问题、决定因素(基于理论和证据)和传播的步骤来指导程序的谨慎开发。

但是这已经充分显示它们受到科学家的兴趣影响。在本例中,兴趣首先涉及名利,其次是金钱。对任一假设的接受似乎也取决于这些因素。

第9章

环境传播

9.1 导言

过去几十年来，有关环境的讨论受到了越来越多的关注，人们在很多场合会提到环境问题，例如"气候变化已成为全球重大挑战"的讨论。不论是在新闻报道、娱乐媒体，还是在学校，甚至是当地动物园，抑或是在企业制定的政策里，当代生活中，本土环境、自然区域、健康的生活基础设施、气候变化及可持续行为早已成为人们的热议主题。

国际环境传播学会（IECA）对环境传播做出如下定义：

环境传播旨在解决环境问题与挑战，协调我们与自然界的关系。任何参与这类讨论的人士即被视为环境传播活动的参与者，包括热情洋溢的环保倡导者，和强烈反对保护生态的人员。从这个角度来讲，环境传播既是人人皆可参与的非专业活动，也是专业传播者发起的实践活动（IECA，2019）[1]。

IECA强调，对于许多人而言，研究和解决环境危机是环境传播的一个关键特征。换言之，"为了避免暴力冲突，同时尽可能有效地解决环境健康和正义问题，有效的环境传播发挥着至关重要的作用，因此，环境传播的核心目标就是找到并促进良好的实践"[1]。

由于气候变化引发重大环境威胁，人类活动造成野生动物大规模灭绝，随之而来的紧迫感推动了环境传播的发展。随着全球环境问题日益突出，大量人力和资源汇聚到这一领域，紧急采取行动已经势在必行。

不过，环境传播并不是新兴事物。数千年来，人们一直在讨论包括水污染和交通拥堵在内的环境挑战，并试图寻找解决方案，而且，人类如何与自然环境和谐相处及平衡发展也一直备受关注。过去，以公共健康为目标的改革与环境风险紧密联系在一起。早在古罗马时期，在水源受到污染的市中心，人们修建水渠，引远处的湖水和河水至此，提供清洁的饮用水。有的环境风险传播是近代才兴起的，例如20世纪初，美国为保护某些区域和物种而发起的运动。例如在19世纪，美国水牛一度从3000万头骤降至不到1000头。于是，美国野牛协会于1905年正式成立，协会以防止水牛灭绝为目标。同样，1918年成立的"抢救红木联盟"起初也是为了帮助建立19世纪20年代的红木保护区。越来越多的人开始意识到，自然资源本就有限，我们应该关注环境保护和野生动物保护。

20世纪六七十年代，工业化对环境造成的影响再次在发达国家引起公众的担忧。举一个典型的例子，20世纪60年代初，蕾切尔·卡森的《寂静的春天》一书让人们开始关注杀虫剂的危害。在此期间，公众和政府开始逐渐关注与环境污染相关的问题及工业化带来的更广泛的环境影响。此外，声名狼藉的苏联切尔诺贝利核事故和美国三里岛核事故促进了环保组织（包括反核组织）的发展壮大。于是，

20世纪末,人们的环保意识大为提升,也认为有必要采取措施,加强环境保护。

随后,早在1990年就引发人们关注的气候变化问题,终于在21世纪初正式成为环境传播的重要主题之一。由于气候变化的威胁日益突出,海平面上升、森林大火、极端气候等威胁每年直接影响了数百万人的生活。环境可持续性成为环境传播的关键词,这表明我们决心积极改善人类与环境的关系。这一概念指出,长期来讲,我们最紧要的任务是减少对地球自然资源的需求,"是既满足当代人的需求,又不损害后代人满足自身需求能力的发展"[2]。

环境可持续性的概念通常和国际经济发展的需求结合在一起,以便在可持续发展的旗帜下持续提高人们的生活水平。数十年来,国际社会通力合作,共同制定可持续发展政策和措施,终于形成了目前联合国(UN)确定的17个可持续发展目标(SDG)。于2015年由联大正式通过的17个SDG概述了全球最重要的社会经济问题,如与环境可持续性相关的收入不公平、减贫等问题。可持续性的概念,尤其是SDG绘制了一条康庄大道,其愿景是在提升人类生活质量的同时,减少对地球资源的影响。

在实践方面,环境传播发展势头强劲。每年和环境相关的问题越来越多、日渐严重、影响力范围越来越广,而且也愈加复杂。环境问题的复杂化给我们带来了巨大挑战。近年来,科学家和专家们的发言常常引发公众的质疑。公众对相关知识和专家们的信任与否事关重大。眼下,他们的信誉已岌岌可危,这对环境传播的质量和有效性产生了巨大影响,因此,我们需要更先进、更具互动性、参与性更高的方法,实现打造更具可持续性社会的终极目标。尽管本章不会展开研究心理学、社会学、市场营销及政策,但这些领域对环境传播的理解和实践有着深远影响,因此这些领域的各个方面仍会贯穿本章始终。

尽管环境传播和科学传播的侧重点有所不同,但两者仍有许多共通之处。科学的某些方面(如研究自然与环境)和环境传播的研究内容是重合的,而且科技也为解决环境挑战提供了方法和工具,所以人们对科学所持的态度会影响他们对环境问题的解读(参见第 2 章)。

本章介绍了实际生活中的环境传播、主要的实施背景及促进其发展的理论模型。此外,本章还介绍了解决环境传播中的困难与挑战的常用方法和工具。

9.2 实际生活中的环境传播

环境传播不仅有特定的目标,而且涉及各种利益攸关方和公众。它关注的重点通常是人类的生活方式及其对自然资源的影响。人为造成的环境问题包括全球变暖、地球资源枯竭、废物污染、环境恶化、物种濒危、生态多样性受到破坏、入侵物种等。环境传播可以让公民了解自己在解决这些问题时发挥的作用、鼓励青少年习惯并养成保护环境等良好的价值观、培训专业人士、研究更多有利于可持续发展的做法。

在利益攸关方和公众方面,许多主体参与了环境传播的过程,从政府机构到联合国政府间气候变化专门委员会（IPCC）及生态多样性和生态系统服务等国际专家专门委员会。此外，在特定社区中应对环境问题的媒体机构、企业及当地非政府组织（NGO）也都投身其中。根据自己的目标和对特定目标人群的评估，每个主体负责制定适合自己的传播方式。环境传播的重要参与主体包括：科学家、记者和媒体、NGO、自然与环境中心、公共关系与市场营销专家、政策制定者。

9.2.1 科学家

从科学家这一主体而言，欧文、布奇、费尔特、斯莫尔曼和耶利（Irwin、Bucchi、Felt、Smallman & Yearley）[3]曾写道："在传播和处理环境问题时，什么是'可信的证据'，什么是值得相信的'公开证据'，确定这些概念是至关重要的。同样，在涉及社会选择时，'谁被认为拥有相关的专业知识''各方主体如何确定权威的问题定义''谁的价值观、关切或哪些弱势群体是我们应当关注的'也十分重要。"

一直以来，作为向公众发布研究结果和政策的学术专家，作为向公众分析环境挑战及解决方案的公知，科学家在环境传播中发挥着关键作用。科学家经常以特定领域专家的身份加入政府专门委员会，解决环境问题（如因气候变化导致的海平面上升）。有的科学家还会与公众互动，参加公开讨论。尽管自然科学家向来为环境相关的公开讨论提供了主要的专业知识，但人们逐渐意识到，要从根源上解决环境问题,我们需要各种社会科学专业知识[4]。

9.2.2　记者与媒体

记者往往要发挥多种作用。当报道一项创新技术能解决环境问题时,他们就是摇旗呐喊的人。例如,当年就有记者曾报道,年轻的荷兰研究员兼企业家博亚·史拉特一直致力于清理全球海洋塑料垃圾。此外,记者还担负着监察职能,他们会预测和分析包括化石燃料枯竭在内的环境问题,并敦促政府和其他负责单位采取行动(参见第 6 章)。

20 世纪末,在执政当局看来,有关环境问题的媒体报道很匮乏,而且一味追求噱头。转基因(GM)作物及相关的潜在环境问题[5]就是典型的例子。这些报道并不利于生物技术家、GM 作物研究员及相关机构等所有相关人员开展研究[6]。不过,单纯靠加深对环境问题的了解并不能解决这个问题,于是有人开始呼吁采取一种更包容的方式,更多地考虑公众的想法、价值观和情绪。

值得注意的是,媒体行业正经历着巨变,电视和报纸等传统传播方式的影响力日渐式微,而 YouTube 和脸书等社交媒体逐渐崛起。在此背景下,不论是门外汉还是专家,许多人变成了新闻记者[7]。事实上,"零浪费"和"自然生活简单解决方案"等关注可持续发展的博客,分享了如何通过减少垃圾、环保出行和服装、节能计划过上更可持续的生活方式,因此吸引了大量关注。他们试着提出有建设性意义、积极乐观的愿景,以应对未来的环境挑战。通过个人网页和频道,博客和视频博主参与到环境问题与偏好的非正式讨论中。

9.2.3 非政府组织

在环境传播中,NGO 发挥着重要作用。它们不接受商界或政府的资助,但以服务社会及其(环境)需求为己任。根据目标和关注点的不同(有的关注自然,有的关注环境),NGO 可以从教育、环保和政策的角度发挥更多作用。

世界野生动物基金会和绿色和平组织是两大国际环境 NGO。前者关注自然与保护,后者关注的领域更广,包括保护环境和鼓励环保行为。绿色和平组织主要通过公共运动和行动发挥作用,它既有领取报酬的活动人士,也有志愿者,他们会在热点地区发起活动,抗议核废料运输或新建化石燃料发电厂等。此外,绿色和平组织还支持本地倡议活动,为那些希望关注区域问题的人提供协助。它的官网主页上写道:"呼吁所有希望'保护地球'的地球热爱者团结起来,携手共同对抗有关当局,让构建绿色公正世界的梦想能成真"[8]。

9.2.4 自然与环境中心

一般来讲,全球主要城市有城市花园、科学馆和科学中心、动物园或水族馆,也会向游客介绍城市环境。这些组织机构是环境传播的一部分，主要通过非正式科学教育的形式发挥作用（参见第5章）。20世纪末，它们的关注领域包括环境污染、减少垃圾及自然保护。现在，环保和可持续发展也是它们在公共传播过程中关注的重要话题。

这些组织机构的工作人员向游客（尤其是小朋友）介绍大自然，让他们亲近大自然，并借此鼓励他们更加关心大自然、植物和动物，采取更可持续的行为。有全球研究表明，这类干预措施是有效的[9]，长远来讲，甚至对环境的了解和学习能产生一定影响[10]。不过，也有证据表明，动物园和水族馆等场合下对环境的一般性学习可能对环保行为的影响力相当有限[11]。

9.2.5　公共关系与市场营销专家

过去十年来，"可持续性"一词开始频繁出现在企业传播和市场营销文案中，企业以此宣传自己的产品、生产流程或服务方面具有的优势[12]。营销人员认为，在广大消费者看来，环境可持续性是一件需要付出努力的事情。如果一件产品是可持续的，消费者就认为这件产品有附加价值，所以也更愿意购买。举个例子，从2018年开始，荷兰一家大型连锁超市开始在广告中加入其可持续行为的信息，如为节约资源、减少塑料垃圾，本超市减少了产品的塑料包装，从而为可持续发展做出了贡献。它的广告还指出，购买更多本地产品就能减少食品运输过程中产生的环境污染。

此外，社会营销（针对社会普遍接受和认可的行动或政策开展营销）的概念受到了保护组织的青睐。一般来讲，这类营销活动旨在建立一种保护环境的社会规范，即营造一种全社会对特定的环保行为表示支持的感觉。举个例子，一家名为 Rare 的国际社会营销保护组织专门从事各种骄傲活动。它的网站主页上写着："Rare 的特色骄傲活动能激发人们对特有自然资产的自豪感，为当地变革开辟了一条光明之路。Rare 开展的宣传活动旨在鼓励人们的环保行为，这和私营领域过去多年来所做的事是一模一样的"[13]。骄傲活动通常关注某一种当地物种，Rare 希望借此激发人们的热情，从而推动环保变革。

我们有理由相信，Rare 举行的这类活动是有益且有用的，因为这类有针对性的环境传播活动已被证实在全球范围内是有效的[14]。不过，我们别忘了，规范、意识、态度和行为、结构变化之间可能隔着巨大的鸿沟[11]。

9.2.6 政策制定者

全球环境政策发展迅速，国家和世界层面都在努力通过政府干预增强环境的可持续性。在最新实施的环境治理和政策制定方法中，有一项政策旨在缓解气候变化带来的影响。气候变化是一个典型的科学争议问题，其中涉及的知识和信息备受争议，而且还牵扯了经济和政治利益。不确定性不仅存在于技术数据和研究结果中，还存在于伦理和道德方面，例如：如何权衡不同国家、不同文化、子孙后代、动物和植物的利益及价值（参见第 4 章）？在考虑上述各方面的基础上，各国领导人让不同的利益攸关方都参与进来，并参考IPCC定期发布的报告，以期制定强有力的全球环境政策。

9.3 从环境传播的角度理解受众

上述每个参与主体都希望公众参与讨论环境问题，分享自己的观点和价值观，针对环境挑战提出解决方案。为实现可持续发展，鼓励绿色环保行为，工业成为首选目标受众，因为它们往往迫于舆论压力或政府行动不得不对自己的生产流程进行净化。毕竟，重谈保护环境正是因为工业化带来了消极影响，例如：酸雨污染、核泄漏事件导致了放射性污染。除此之外，社会和公民也是目标受众之一。有许多公共活动试图鼓励他们减少垃圾或进行废物循环利用，参与节能计划。

鼓励公众保护环境也不乏挑战，只靠一个人的力量很难实现真正的变革。只有大半个社会参与进来，环保措施才可能起作用，这让实现更可持续性行为的目标难上加难。变革是为了更多人的利益，而不是个人的直接利益，健康传播就是一个典型的例子（参见第8章）。

同时，受众也发生了有趣的变化，他们从信息接收者逐渐转变成信息发送者，因为他们开始参与某些当地环境问题的公开讨论，在社交媒体上针对自己擅长的环境问题撰写文章。

所以，在跟不同的目标受众讨论环境问题并支持他们的环保行为时，我们需要的不仅是科技观点、事实或数据。信念和情绪也至关重要，两者都会影响科学信息的传播及人们对自然和世界的看法。试着去了解公众所持的不同观点、价值观和规范，以及这些观点对理解和讨论环境的影响，这样做将大有裨益。方框9.1阐明了不同人对"严冬能否喂食野生动物"这一颇具争议的环境问题的不同看法。

> **方框9.1　环境沟通与自然管理**
>
> 　　对自然的不同观点及不同的价值观如何构成人们的认知，又如何激起人们对环境问题的激烈讨论？人们对荷兰市中心一家重点自然公园管理自然的方式的热议就是一个典型的例子。这片自然区域经过几十年的发展，已逐步发展成一个相当"野生的"公园，人类不得进入该区域。鹿、野马和牛群等大型食草动物保持了沼泽平原的洁净，为许多鸟类、水陆动物提供了合适的栖息地。
>
> 　　2017—2018年，牛群、鹿和野马因食物短缺纷纷饿死。管理园区自然环境的荷兰国家林业管理局决定尊重自然规律，不采取任何措施。这一决定源于"自然界无需人为干涉"这一价值体系，而且公园几近处于野生和自然的状态。
>
> 　　不过，由养牛户、马匹饲养者、动物福利和保护团体组成的行动团体直言不讳地指出，气候如此恶劣，动物们应该得到额外食物。为此，他们还举行游行示威活动，有人甚至走进禁入区向动物喂食。他们的立场和行为反映出"自然是一种资源，人类应对其负责"的世界观。
>
> 　　这个例子表明，不同的人受不同的世界观、自然观和价值观的驱动，这些东西形成了他们对特定问题的特定立场。所以，我

> 们需要分析和了解他们的认知，以此指导传播产品的开发。此外，如果我们想要改变别人的态度和想法，应当将价值观和情绪整合进有效的环境传播干预措施中。

9.4 干预措施激励环保行动

环境传播的一大目标是促进和支持环保行为，或更为广泛的结构变革，以便营造一个良好、多样和健康的环境。为此，我们可以采取系统性变革或社会变革[15]。采取社会变革的人希望对社会和经济进行改革，实现环境的可持续发展。2015年欧盟（EU）颁布的塑料袋禁令就是如此。该禁令要求欧盟各国政府要么禁止商店向消费者提供免费的轻质塑料袋，要么想别的办法降低塑料袋的使用量。欧盟各国政府采取措施后，塑料袋使用量大为下降。

不论采用系统性变革还是社会变革，我们都可以采用一系列干预措施，实现期望的环保变革或影响。其中包括制定法律法规、环保奖励政策、举办公共传播活动等。

9.4.1 制定法律、法规

纵观全球，许多公共政策倡议是对环境有益的。例如，许多国家通过税收优惠政策鼓励公民使用电车。法规往往要求轿车和工业车辆接受检查，确保尾气已达到排放标准。有的国家为购买可再生能源的公民提供补贴。为保护环境，工业污染往往受到严格管制。如果经有效宣传和执行，这类政策可以长久实现私营领域和大小组织的环境可持续性。

9.4.2 制定环境可持续性奖励政策

通过物理结构或材料的微小变化，促使人们采取更环保的行为是一项重要策略。举个例子，如果消费者在自动售卖机上购买咖啡，咖啡店可以鼓励消费者自带杯子。再举个例子，为鼓励人们短途出行骑自行车，丹麦等国的部分雇主为员工提供了一项工作福利，允许员工购买新自行车或公交年卡，这笔免息贷款将自动划拨到他们的工资卡中。

9.4.3 举行公共传播活动

公共活动是环境传播的一种常见形式，通常旨在增强公众的环保意识或调整规范，使其更具可持续性。举个例子，野生动物保护活动可能希望提升人们对某种当地濒危物种的积极态度，从而加强对其保护力度。再举一例，大学生组织的活动可能希望鼓励在校师生随手关闭教室或实验室的灯光及设备，以减少能源浪费。

20世纪末的公共活动往往借助大众媒体的力量，而且目的性极强。这类活动旨在提升目标受众的环保意识，营造一种强烈的环保氛围。举个例子,为展现酸雨的影响,电视广告会播放东欧松树林减少的画面,以此鼓励人们尽量搭乘公共交通工具出行。

20世纪和21世纪之交,研究显示,这类公共活动的影响力相当有限。过去几年里,很多环境问题日益严峻,影响越来越广,也越来越复杂,许多利益攸关方牵涉其中。为解决如此复杂的问题,人们急需一种新的方法。除了这种目的性较强的公共活动之外,一种创新模式应运而生,它将关注点放在目标受众上,让他们也参与进来,他们不再是信息的接收者。

黄土高原治理是一个有力的环保活动范例,它将学术研究与公共资金、当地居民的努力结合在一起[16]。20世纪末,由于水土流失和不可持续的农耕方式,中国北部的黄土高原曾是一片贫瘠之地。不到20年时间里,中国政府和当地农民齐心协力,将这片干旱之地变成一片绿洲。起初,当地农民需要找到土地如此贫瘠,如此不宜居的根源,这是很重要的一步。在此基础上,形成详细的土地恢复方案,当地居民仍是重要的参与者。在调查最初村民对项目的态度时,研究人员发现,最重要的问题是给他们提供(新的)养家糊口的办法。于是,该方案规定向从事土地恢复项目的当地居民支付报酬。于是,当地居民在土地上劳作、修筑梯田、植树造林、修建大坝,防止水土流失。此外,在接下来的10年里,他们开展维护梯田、树林和大坝的工作依然可以得到补贴。

黄土高原的治理是一个成功的案例,因为它考虑了当地人的需求,而当地人正是促成环保变革的重要一环。由于环境问题很广泛,并且具有全球性,人们很容易觉得"我不开车,或者我吃素,也不会带来多大变化吧"。所以,除了良好有效地传播之外,提供明确的社会或经济奖励政策非常有助于促进和维持目标受众的积极行动。

9.5 引导干预措施的模型

实际上,环境传播干预措施通常致力于促成某种变革。除了环保法律法规框架和奖励政策之外,我们还需要采取系统性方法,将制定、执行和评估传播干预措施等各个阶段有机结合起来,以确保公共活动等干预措施的成功开展。

健康传播领域精心研究的常用系统性方式是干预图(Intervention Mapping)[17]。和环境传播干预措施一样,健康传播干预措施通常旨在促成(行为)变革,干预图对环境传播是有所帮助的。

在健康传播领域,干预图是为系统性制定健康促进干预措施而设的规划流程,个人更宏观的社会背景亦被考虑在内。这种方式主要通过重复下列 6 个步骤中的前 4 个,实现从识别问题到解决问题的全过程:

(1)启动问题分析,亦称需求评估;

(2)制定项目目标;

(3)制定方法、策略和活动;

(4)建立连贯的项目开发流程;

(5)准备执行和采纳计划;

(6)制定评估方案。

阔克（Kok）等[18]将干预图引入节能领域，并关注两项已有的、（相当）成功的节能干预措施研究。第一项研究旨在鼓励家庭节能，例如，缩短沐浴时间或者将无人房间的恒温器温度调低。第二项研究旨在鼓励邮政司机采用更节能的新驾驶方式。

两项干预措施研究的策划者都使用干预图找到了与节能问题相关的行为决定因素和有关背景（如困难、需求）。第一项研究发现，重要的个人因素包括节能知识、节能意识、对待节能的态度、是否有节能目标、尝试某些节能方法后的体验感、对于能否实施期望行为的自我认知、节能方法的舒适性和价格[19]。重要的背景（非个人、外在的）因素包括能否挑选出可行的节能方式、个人收入、居住房屋的类型和建筑物相关的措施及技术规定。

在第二项研究中，重要的个人因素包括意向、态度和信念、对待节能驾驶方式的个人规范、已知的社会规范（关键人物对节能驾驶方式的看法）、自我效能感和过去的行为（例如：自己如何看待节能驾驶方式）[20]。背景因素（非个人、外在的）包括对公司老板和管理层的信任度、公司执行的环保政策、执行环保管理方法的老板。例如，如果在办公室放置方便取用的垃圾回收箱，则人们更容易做出环保行为。

基于确定的个人和背景因素，我们可以选择一个有理论依据的干预措施。例如，第二项研究根据理论依据展示了期望的行为，借此鼓励大家通过观察进行学习[17, 21]。如果车辆在等距离、等时长的情况下，司机采用节能驾驶方式，确实降低了油耗，那就证明这种方式是有效的。采用这种评估证据法有助于改进环境传播干预措施，以确保其尽可能有效[22]。

阔克（Kok）等[18]总结：“尽管干预图是一个复杂且耗时的流程，但利大于弊，因为它能通过评估流程确保学习的有效性和效率。”运用干预图等模型建立系统化方式，制定环境传播干预措施是十分重要的。

9.6　根据理论依据制定方法

环境传播通常关注克服个人、社会和经济挑战，促进期望的环保行为。在开展公共活动等干预措施时，基于事实证据的模型和理论通常能够提供有价值的思路，所以广泛使用的社会心理学理论（解释行为变化是如何发展的）对环境传播者是非常有帮助的。不过，在过去几十年里，研究已经表明，人类行为难以预测，何况是行为变化，传播与行为的因果关系也很难展现。

计划行为理论，即理性行为理论在环境传播领域颇有影响力[23-24]（参见第8章）。根据这些理论的观点，行为意向是预测基于主动决策的行为的最重要的因素。举个例子，游客为了减少碳足迹，可以决定不坐飞机前往度假地。如果他们有这个行为意向，就很可能做出相应的行为，下一次就可能考虑坐火车（或其他更有助于可持续发展的交通方式），而不是坐飞机。对待期望行为的态度、社会规范、重要人物对于期望行为的态度及自我效能感（感觉自己能实现期望效果，并将带来改变，产生一定影响）是解释行为意向形成的重要决定因素。

我们举个例子证明这一理论,假设我们要鼓励14～17岁的中学生不用塑料吸管,减少塑料使用量,并且不乱扔垃圾。对此,学生们可能的态度包括:"好的,塑料问题确实很严重,我们应该采取相应措施,但我真的很喜欢用吸管喝软饮。"或者"我喜欢学校里包装好的三明治,不喜欢家里做好三明治后装在餐盒里带到学校。"

社会规范指人们认为在自己的社交圈中(如自己的家人和密友)常见的行为。还是举上面这个例子,相关的社会规范可能包括:"我有很多朋友在学校买包装好的外卖午餐,它们通常是用塑料包装好的。"社会规范也指其他模仿他们行为的人做出的认可或反对评价。举个例子,"我最好的朋友经常会把塑料和家庭垃圾分开,而且还总告诉我也要这样做。"年轻人更容易受同龄人社交规范的影响,家庭成员(例如:父母)的影响则没那么大。

自我效能感指对一个人能否成功完成期望行为的评估。已知的困难和自信等方面都会产生一定影响。例如,"对于环境中的塑料问题,我一筹莫展"或者"我相信,只要将垃圾放到指定的垃圾回收箱里,我们就可以改变现状。"

根据计划行为理论,相关技能可以帮助人们实践自己的行为意向,例如:当结构障碍阻止意向变为现实时,组织技能就能发挥作用。例如,如果市议会不单独回收塑料垃圾,人们就很难减少塑料垃圾。

当人们考虑自己的意向并在采取行动前做出明智的决定时,菲史贝恩和阿杰恩的理性行为理论是有效的,但实际生活中却往往并非如此。大部分人做事并不是基于思考和逻辑推理,而是基于习惯,而习惯行为在很大程度上取决于人们的认知、价值观和情绪（参见9.3节），所以过去几十年里，在认知、价值观和情绪发挥重要作用或者为促进期望行为而必须克服个人、社会和经济挑战时，许多研究人员会对该理论进行调整，以契合特定的情形。促成健康、更可持续的生活方式就是典型的例子（参见第8章）。

有时，人们对于气候变化等事物的态度和他们的行为（例如：乘飞机度假）之间仍隔着鸿沟。举个例子，有的人就是热衷于乘坐飞机到异国他乡度假，但同时又认为人类应该减少碳足迹。这类人最终会出现认知失调[25]。有关认知失调的研究表明，陷入这种两难局面的人很容易改变自己的想法，而不是自己的行为。例如，他们会想，"碳足迹也不是多重要的事情，生物多样性和贫困才是最重要的。"

9.7 应对巨大的环境挑战

过去十年，许多发达国家致力于实现更加可持续的生活和工作方式。在越来越多提倡可持续发展的社会规范的支持下，垃圾回收基础设施让许多国家的公民能减少自己对环境造成的负面影响。不过，真正的挑战仍未解决，例如：一方面，人们仍然希望通过加大生产、销售新的消费者商品实现经济的增长；另一方面，为提倡可持续发展，减少消费，人们鼓励修补和重复使用现有商品。两者之间仍存在冲突。

解决气候变化问题是21世纪（及今后）的最大挑战，但一直以来，我们很难得到政界的关注，因而无法开展必要的全球行动。调查表明，气候变化风险并不是公众担心的首要问题[26]。气候变化问题缺乏关注度，部分原因在于公众和科学家对风险的认知并不相同（参见第7章），所以我们很难说服公民完全自愿采取行动，例如：不再搭乘飞机度假、少吃牛肉、购买更加可持续（但也更贵）的消费品或者完全不再购买某些消费品。

包括 IPCC 在内的专家组织明确指出，气候变化是真实存在的，我们急需对其加以遏制，限制其对全世界带来的毁灭性影响。不过，人们认为气候变化是一个遥远又难解的问题，而且，那些因为经济利益而不愿对气候变化采取严肃立法或监管行动的人甚至自创了一种说法：气候变化问题及其解决方案均没有统一的科学意见。

在面对如此复杂且不断演变的科学问题时，我们必须公开讨论科学、观点和担忧，解决不确定性，同时让包括公民在内尽可能多的利益攸关方参与进来。此外，我们还要考虑受众在环境传播方面的知识、观点、价值观和情绪，以便有效地与他们交流（参见9.3节）。

在此背景下，我们可以在最新的气候变化传播研究中寻找帮助[27]。该领域最有前景的发现就是框架问题的潜在影响，例如：气候变化的新形式（参见第6章）、经济机会与框架[28]、公共卫生或国家安全[29]。

另一种让环境传播更个性化、与公众相关度更高的方式就是讲故事。研究表明（尽管研究结果不尽相同），故事真的可以影响人的信念、态度、意向和行为。这些故事越符合受众的世界观、情绪和信念，成功的概率就越高[30]。

9.8 总结

近年来，环境传播的背景发生了翻天覆地的变化。从内容上而言，联合国的可持续发展目标的影响力不断提升，解决气候变化这一全球挑战的紧迫性已形成广泛共识。从传播的平台而言，社交媒体的发展和多样化是一个重要的变化，同时科学和环境报道的本质也发生了一定变化。

为了提升传播效率，计划行动理论（或理性行动理论）等观点、干预图等模型及基于证据的信息框架等技术都提供了宝贵的见解，指导着我们的实践。

和其他形式的传播一样，为了制定有效的干预措施，吸引公众参与环境问题，我们一定要分析受众的价值观和需求。基于最新的研究和评估结果，我们可以制定更有效的环境传播方式，为应对全球最紧迫、影响最深远的挑战做出贡献。

第 10 章

科学传播研究

10.1 导言

科技与社会之间日益活跃的互动,促使人们更加积极地开展科学交流,并进行如何有效开展科学交流的研究。有时,科学传播的研究甚至具有生死攸关的重要性,例如,它可以帮助专业人士理解为什么有些人拒绝主流医学转而选择替代疗法。或者,它也可以解释为什么有些人拒绝给孩子接种疫苗,而让孩子陷入可能患危及生命的疾病的风险。在这种情况下,传播科学技术不是试图确保经济发展或技术扩散,而是促进群体福祉和个人安全(参见第 8 章)。

在过去的几十年里,科学传播本身已成为一个研究和实践领域[1-2],然而,许多在这一领域工作的人对科学传播持有不同的看法。科学传播的一个特点是,人们来自不同的领域,他们带来了这些领域的思维和行动方式,这些领域包括教育、科学社会研究、大众传播、心理学或其他领域[3]。

尽管领域中存在多样性,但两种关键类型的群体——研究人员和从业者在科学传播中起效,而且两者之间的紧张关系会对研究产生影响。科学传播从业者以科学传播活动为核心任务，而科学传播研究人员或学者则对科学传播进行研究。从传统来看，虽然互动对双方都有利，但这两个群体的互动并不充分。改善这种情况的努力是科技公共传播网络发起了为学者和从业人员组织的双年会。

对学者而言，开展研究是他们的工作内容，而从业人员将开展科学传播活动看成最重要的事情。然而，如果科学传播活动可以更经常地以正在进行的研究为基础，则会有明显的改善。例如，尼斯贝特 & 舍费尔（Nisbet & Scheufele）[4]认为研究成果有助于理解现代社会对科学技术的意义，这对从业者和研究人员都大有裨益。他们指出，开展研究的基本前提应该是"任何科学传播工作都需要基于对预期受众现有价值观、知识、态度、人际和社会背景及他们首选的媒体来源和传播渠道的系统实证理解"。

当然，科学传播实践和研究领域经过多年发展，从简单的重视、提高意识和理解力来解决知识的不足，到围绕人们不同的价值观、接受度和信息需求而建立的更多双向参与[5-6]。随着基于前期研究的研究复杂性的提高，实践最终也随之演变。

本章介绍了科学传播过程和产品的研究见解如何帮助研究人员和从业者更有效地传播科学知识。这不是一个详细的"如何进行科学传播研究"的章节，因为这个话题不在本书讨论范畴之内。本章仅描述研究过程中的重要步骤、主要研究方法和研究伦理问题，并将涉及一些仍有待解决的研究问题。

10.2 研究过程

无论科学传播研究的目标如何,其设计和实施将大致遵循以下步骤[7-8]。需要记住,很多情况下,科学传播研究像任何其他研究过程一样是一个可能来回反复多次的迭代过程。

1. 确定研究课题和研究目标

研究周期的第一阶段是确定研究课题和明确研究项目目标。举个例子来讲,人们从新闻报道中获得的科技信息与从科学纪录片中获得的科技信息截然相反。可以对这些信息进行分析,看一看它们是相似的还是矛盾的。很多时候,需要通过观察现有的研究或文献更细致地探索眼下的问题,从而更准确地确认研究主题。这也有助于为研究工作提供研究视角和框架。例如关注新闻报道或纪录片中的气候变化,将其与原始科学报告中的信息进行比较。对现有文献的分析会发现针对电视报道已经有了一些研究,但是对报刊报道还未涉及,因此,研究可以不限于比较原始科学数据与报刊报道的内容,还可以分析其与电视报道的不同点。

2. 制定研究问题

下一步要对文献进行进一步探索并制定主要研究讨论的问题,很可能会添加一些子问题。在理想情况下,研究问题可基于文献空白,可通过拟议的研究来回答,高于单纯描述,表述清晰简洁。例如,人们的价值观是否因他们对生命科学(如生物技术)和非生命科学(如纳米技术)的看法而不同,或者他们从不同的新闻报道或关于此类主题的纪录片中获得了什么信息。

3. 选择研究方法

接下来，要决定解决研究问题最适合的方法。可在定性方法、定量方法和方法组合——混合方法之间进行选择（参见第 10.3 节）。最常用的方法是调查、访谈、焦点小组和案例研究，但也有其他不太传统的方法，例如让公众进行绘画、涂鸦或记日记，这主要是为了在标准方法之外了解他们的思维[8]（参见 10.4.4 节和框 10.1 了解更多与研究方法相关的信息）。在实践中，选择的方法通常取决于有限的预算和时间，有时也受到将进行研究的研究员的经验影响。如果研究需要公众参与或涉及，例如媒体分析，将根据样本（例如，规模）做出决定。在有涉及人员的情况下，还必须考虑安排伦理审批，获取知情同意书，并为此制定程序。此外，研究者必须确定如何匿名数据去除身份信息，在数据收集完成后，如何将这些信息存储在安全地点（参见方框 10.1）。

4. 收集数据

在确定有关方法（如如何找到受访者或研究参与者）的实用性后，可以开始收集数据。这涉及通过专业公司招募人员或寻找志愿者，或通过公共活动招募人员。数据收集可以通过在线方法、直接接触或其他多种方法完成。选用何种方法通常基于与早期研究、研究人员的专业知识和经验、其他可用资源等的比较。

5. 分析数据

下一步是分析数据。在此之前，应通过诸如转录和编码数据，或准备用于统计分析的数据集等方式准备好数据集。这样可能包括以更易于分析的方式转录录音或编写笔记。定性和定量分析的程序可用于辅助该流程，尽管分析通常不需要高级程序即可完成。

6. 报告结果

最后，将形成书面研究结果或成果报告，可能会激发进一步的反思。这是得出结论并结合研究之初制定的主要目标进行讨论的时候。研究报告或文章一般包括下列章节：导语、文献综述或理论框架、研究方法、研究成果、讨论和结论。

方框 10.1　科学传播研究中的研究方法

开展研究的关键方法包括：第一，选择定性或定量方法或二者组合进行数据收集。主要方法是调查、访谈、焦点小组讨论和案例研究，这些是社会科学研究中最常用的方法。

调查问卷——也可在网上进行

调查问卷是一组将由研究参与者回答的问题集。该形式适用于大型团体，通常由多个封闭问题和少数开放问题组成。问题的增减可参考文献和研究人员的见解。与一个主题相关的一组问题通常比单个问题更可靠。调查可以通过面对面的访谈或在线填写完成，在10分钟以内完成的效果最好。

访谈

访谈在一对一的环境中进行，研究参与者回答半结构或开放式问题。访谈可以提供深度信息。在正常情况下，对15～20个不同的人的访谈应能获得围绕一个研究课题足够的不同观点，虽然在大型研究中可能会进行数百次访谈。

焦点小组讨论

一组 6～8 名参与者将在主持人的指导下围绕一个研究课题回答半结构化或开放式问题，时间通常约为 2h。焦点小组能够深入洞察主题的各个方面，参与者可对彼此的观点做出响应，这是单次访谈无法做到的。针对复杂的主题或想获得各种观点和意见，这种方法是有效的。焦点小组依靠经验丰富的主持人来指导讨论，这样可避免讨论被一二个参与者主导（参见第 4 章"对话主持人的不同角色"）。

案例研究

在案例研究中，通常会结合使用文档分析、访谈和其他可能的方法来更详细地探索特定主题。详细分析以系统方式进行，提供了案例的深度信息。有时，多个案例可相互比较。

其他研究方法

系统文献综述和文档分析等研究方法不直接作用于参与者，而用于研究文献。此外，还有许多包括研究参与者的其他方法，但使用频率较低，例如人类学观察（观察情况）和参与性评价（在参加会议或活动的同时进行评估）。此外，近年来科技研究领域的方法也被纳入了科学传播研究。例如，用于社会背景下的技术或中游调节的建构性技术评估等研究方法[9]，包括与研究人员的多次访谈，可用于回答关于技术在社会中的作用的研究问题。在科学传播研究中不太常用的是在研究实验室进行的社会/心理实验研究方法。

系统文献综述

所有的研究都包含简短的文献综述,然而,在系统文献综述中,需要再进一步。围绕某一主题收集学术文献,并常用更系统的方式分析样本。该方法可为主题的主要方面提供全面概述。佩蒂克鲁&罗伯茨(Petticrew & Roberts)[10]更详细地描述了系统文献综述的步骤。

文档分析

可以收集和分析与主题相关的期刊和书籍以外的其他文件。这些文档常被称为"灰色文献",包括研究报告、报告材料、时事通信和新闻报道。文档分析可以为研究主题提供重要的额外信息,它常用于其他研究方法,例如案例研究的准备阶段。

不太传统的方法

威尔金森&韦特坎普(Wilkinson & Weitkamp)[8]提到了让人感兴趣的一些不太传统的方法。这些方法也可用于分析研究参与者在参观科学博物馆或参加科学节时在留言簿、绘画、表格、思维导图和图表等处发表的评论。日记可以透露对主题更多的个人观点。此外,涂鸦墙、图像、照片和视频结合简短访问可以揭示个人对在访谈中无法表达出来的东西的感受等研究问题。

公众科学

最后,在公众科学中,科学家借助公民收集、分析或解释研究发现。这种特殊的研究方法正在全球兴起。第5章"非正式科学教育"概述了利用或基于公众科学的研究的多种可能性和潜在缺点。

> 基于威尔金森&韦特坎普（Wilkinson & Weitkamp）[8]及简森&劳里（Jensen & Laurie）[7]等研究。

开展科学传播研究的原因有很多。它受到个别研究人员、机构或资助机构的目标驱动，这些目标会影响所开展的研究。例如，在欧盟和经合组织的资金流变化之后，以前侧重于更好地了解基因技术的社会影响和选择的研究转向了更好地了解围绕纳米技术的社会影响和选择。

此外，个人和体制因素也可以决定研究的进行方式和数据收集类型的使用。例如，个别研究人员非常倾向于分析大组数据，更喜欢定量研究。定量研究的基础是（例如，通过在线投票）收集大量数据。其他人则可能更喜欢定性数据，其依据是（例如通过焦点小组讨论和个别访谈）收集更详细的较小数据集。

有时，数据的最终使用可以确定首选哪种类型的研究。例如，定期利用选民投票来确定公众对问题的态度的政府往往更喜欢定量数据而不是定性数据，而对消费者测试产品的商业公司则倾向于更能解释个人对某事的看法的定性数据。

10.3 方法论多元化和多学科跨学科合作

过去，科学传播作为一个领域有许多研究，这些研究要么限于收集和分析大量数据的定量方法，要么基于从小规模样本中收集信息的定性方法，例如就某一问题与一些专家进行几次深入访谈[11]。许多作者认为，定量调查将受访者与其社会背景割裂开来[12-14]，然而，与此同时，社会科学研究的定性研究方法也无法捕捉各种复杂情况，因此，布鲁尔&亨特（Brewer & Hunter）[12]认为，每种方法都有自己的弱点和长处，没有一种方法是没有偏见的。

应当理解，所有数据，无论是定性的、定量的还是混合方法的，都只是指示性而不是权威性的数据，而且通过错误评级或与其他研究的比较来承认这一点往往很重要。证明研究的有效性很重要，这意味着证明了研究能够测量它想要测量的内容。这一点通常通过对所使用的样本进行统计分析，并证明其对更广泛社会的良好映射程度实现。

根据这些想法，冯·格罗特和迪尔克斯（von Grote & Dierkes）[13]等推断，科学传播研究中的定性研究方法和定量研究方法对于更好地在理论和实际中理解科学传播概念和工作至关重要，两者应相互结合使用[15]。两者都可以提供答案，并有可能获得对科学传播过程和结果更深入的理论理解[16-17]。归根结底，重要的是，方法要最适合目前要研究的问题，这可以通过使用诸如是否需要非常广泛地理解或需要范围较窄但更加深入的理解等问题来决定。

鉴于研究领域的性质和不同研究人员的背景，可以进行更多的跨学科（学科之间）和多学科（跨越学科）合作，然而，对学者而言，有时候这是具有挑战性的，因为在这种协作努力中诞生的文章有时更难发表，因为它们不属于某一特定学科的范畴。例如被一些公众使用的科学传播类型的经济分析。它对科学传播期刊而言太偏向经济，而对经济学期刊来讲经济学的成分又不足，然而，对于在公共领域对科学进行争议和辩论的特定主题，这种合作可以获得更多的见解和更好的理解。

10.4 研究伦理

在所有研究中与人打交道的时候，有必要解释正在进行的步骤，借此表示对研究参与者的细心、敏感和尊重。换句话说，要确保不造成伤害并将风险降为最低[8]。这听起来可能过于谨慎，但任何参与研究的人都会以某种方式受到该研究的影响，无论是提高参与者对某主题的参与度这样简单，还是当研究试图获得参与者不愿意提供的信息这样具有挑战性的时刻。伦理问题本质上是复杂的和多维的，所以不容易处理。它们应是研究项目自始至终的一部分，正如欧盟网站上声明的那样（https://ec.europa.eu/programmes/horizon2020/en/h2020-section/ethics）。最近，随着研究和创新中负责任的行为已成为研究项目的关键原则，围绕研究伦理和如何处理伦理问题的讨论在全球受到广泛关注。

10.4.1 如何处理伦理问题

伦理的几个层面都与研究有关。第1个伦理层面是获得研究的伦理批准。大学的伦理委员会通常根据研究伦理和适当的程序原则评估研究项目的设计并批准在行的研究。在报告阶段,这些与研究中注重伦理相关的步骤将在方法部分进行描述。

第2个伦理层面是考虑实际情况中的伦理方面,因为它是与参与者沟通研究过程的一部分[8]。考虑若干程序性原则,例如下文所述的原则,将有助于确保研究能够解决它可能需要涵盖的关键伦理问题。可参阅在线或纸质的方法论书籍获得进一步的参考和细节信息[8]。

10.4.2　知情同意书和自愿参与

知情同意书可确保研究人员向研究参与者提供了所有必要的信息,以便他们决定是否自愿参与研究的一种方式。这些信息涉及研究的关键方面的摘要,例如,谁被要求来参与项目、参与者应如何作答、在研究期间他们以任何理由随时退出的具体方法,以及将被提问的问题类型。还要表明,表达的意见不会与参与者个人挂钩,以及如何处理匿名和保密问题。例如,在欧洲国家,知情同意书必须符合管理数据保护和隐私的《一般数据保护条例》(GDPR2016/679)。为了确保每个人都收到了相同的信息,可向研究参与者提供一张信息表,并适时要求他们签署知情同意书。

10.4.3　匿名与保密

匿名是指无法从报告中识别出具体的研究参与者,保密则是针对可能访问数据的人。研究参与者有权了解数据是否可以追溯到他们，以及知道谁有权使用或阅读数据。这就是研究人员要匿名数据的原因。可以使用数字、字母或虚构名称来指代参与者，以此确保匿名性。还需要确保研究参与者不能被他们所代表的组织等任何其他信息所识别。在无法匿名的情况下，应事先询问是否同意公布姓名。此外，需要考虑和决定如何以安全的方式存储和传输收集的数据，例如使用密码确保数据的安全。

10.4.4 赞助的透明度

另一个涉及研究的伦理层面是资金问题。资助机构有时可能会希望影响研究，因此，研究参与者应清楚谁资助了这项研究，或者这项研究是否是一个自筹资金的项目。在同意书中提供此类信息有助于研究参与者考虑可能的意识形态或政治异议。这些信息还应在研究论文的结尾或研究报告中加以披露。

10.4.5 提高对伦理行为重要性的认识和关注

在许多国家和机构中都有道德行为准则，可考虑用作研究的伦理维度基础，例如2018年在欧洲联盟生效的上述《一般数据保护条例》。该条例为欧盟国家提供了比以前更严格的新规定，例如，关于确保匿名参与研究的必要性。

研究伦理也是负责任的创新的关键主题之一，而且，越来越多的大学不仅培训包括社会科学家在内的研究人员,还包括科学家和工程师,使他们更加了解与更广泛意义上的研究有关的伦理问题。例如,荷兰的特温特大学,与现在的大多数大学一样,已经为所有博士生(自然科学和社会科学)制定了一个科学诚信培训计划,以提高学生对道德行为的认识,并增加对如何处理道德问题的知识。此外,还向其他工作人员通报了在研究之前、期间和之后应采取的步骤,以确保负责任的研究行为,如图10.1所示。

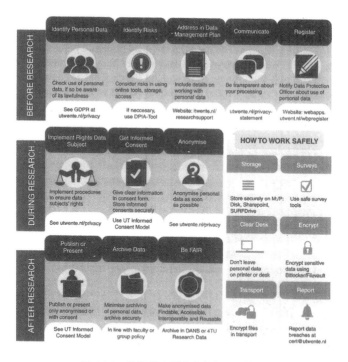

图 10.1 特温特大学个人数据研究协议

10.5 研究和实践的差异

影响研究的一个问题是,科学传播从业者团体和科学传播研究人员团体合作甚少,甚至没有为彼此的最佳成果努力[18]。尽管越来越多的科学传播从业者、研究人员或科学家从事这一领域的研究和实践,但这种情况仍在发生。他们可以利用方框 10.2 中描述的来源。

除了方框 10.2 中描述的差异外,研究方向还可能受到其他优先事项的影响,例如文化,如冈瑟 & 朱伯特(Guenther & Joubert)[1]所述:"……尽管科学传播的全球性日益提高,该领域的研究活动是由国家优先事项和文化背景决定的,因此会呈现区域差异。"

方框 10.2　科学传播研究的来源

冈瑟 & 朱伯特(Guenther & Joubert)[1]系统地分析了科学传播这一领域,并确认了最近科学传播研究文章的增加。他们的结论是,绝大多数作者只在该领域的主要期刊上发表过一次,而且大多数文章是由 1~2 位作者撰写的。大多数作者是男性,特别是在过去,而最近女性作者已经变得更占主导地位。他们还发现多作者合作论文和多国际合作的趋势,但他们也得出结论认为需要更多来自非洲、亚洲和中东地区的研究成果,这一点徐、黄和吴(Xu、Huang & Wu)[19]在描绘中国的科学传播奖学金时也得出类似的结论。

许多学术研究可在 3 个专门期刊上找到:《公共科学理解》《科学传播》和《科学传播期刊》[1]。除了这些期刊,其他期刊也有刊载科学传播研究成果，例如《国际科学教育杂志，B部分：传播与参与》《科学社会研究》《新遗传学与社会》《负责任的创新杂志》及《风险感知》。此外，《科学》和《自然》这样的顶级科学期刊有时也会发表科学传播研究。在2018年，英语期刊《科学文化》在中国发行，用以促进亚洲的科学传播研究。

除学术文章外，可在灰色文献里找到其他科学传播发现来源，例如报告或流行文章。报告的编写通常是不同组织（例如政府党派、研究机构、国家研究基金会、非政府组织或其他组织）委托项目的一部分。这些报告有时可在网上获取。科学传播研究的成果有时会被转述为流行文章，供主流媒体或在线出版物，例如《对话》（theconversation.com）使用，这类文章可供更多的受众理解和访问。

开放访问正在上升

从世界范围来看，发展趋势是开放访问的出版物。开放访问可以更广泛地获取研究结果，但是，由于大学的研究人员通常根据发表研究成果的期刊质量进行考核，这通常会阻碍他们在开放访问的期刊上发表文章，因为这些期刊尚不具备未开放访问权限的知名期刊的地位。

非洲、亚洲和南美地区的期刊和在线论坛数量正在缓慢上升，这强调了以微小力量平衡西方学术出版模式主导地位的趋势。

更好地了解研究的驱动因素和障碍，以及决定研究方向的因素，有助于学者和从业者更好地研究。一些项目探讨了实践和研究之间的差异来更好地了解阻碍两者更紧密合作的因素。已发现的主要差异之一是,实践进展迅速,处于几乎恒定的创新状态,而学术研究往往进展缓慢,其学习过程是渐进的[20]。费瑟斯通(Featherstone)等指出的其他分歧(2013,pp. 11-13)[20]包括:

(1)从业者发现很难获得集体学术知识;

(2)由于许多科学传播者最初是向着科学家方向培养的,因此他们会觉得具有人文或社会科学背景的研究人员的学术语言对他们来讲是"不透明和具有挑战性"的;

(3)研究科学传播的学者往往通过传统的学术方法来发展自己的见解,而传统学术方法通常是逐步积累的,这甚至可能无意影响他们下一步的工作,也没有现实实用性;

(4)科学传播从业者希望学者能够证明长期的影响,而学者则倾向于将从业者视为研究对象,而不是合作者。

这些差异很重要,因为它们往往使两个群体之间的协作更加困难。为了拉近两个群体的距离,上述NAS报告[18]侧重于重要交叉点,例如认知偏见及其影响实践的研究。需要对这一研究领域及它如何让研究人员和从业者更紧密地合作进行解释。

认知偏差研究相比科学传播来讲,虽然比较新但对其产生了很大的影响。它研究人们如何思考,试图更好地了解什么是偏见,以及人们在何时会接受或不接受科学信息。科学传播面临的一个主要挑战是发现人们倾向于主要根据自己的社会、政治、道德和宗教价值观而不是信息来做决定。这有助于解释为什么公众在科学知识上面得分一直很低，但仍对这些科学主题有强烈的意见[21]。

一项对人处理信息的方式的研究正在关注，例如，为什么有些人在没有任何负面健康影响证据的情况下仍相信风车会让人生病。或者为什么有些人不信任转基因食品，尽管没有任何表明转基因食品对人体有害的证据。重要的是，这项研究也可被用于制定策略来帮助对抗一些可能会阻碍某些技术发展的固有信念。当没有与群体就他们的发展（这也是从业者积极参与的原因）进行协商或协商很少时，这一点尤为明显。

气候变化研究也是研究和实践有共同点的重要领域，经常受到捍卫科学和接受气候变化影响的政治必要性驱动，然而，如果要说学者从多年来为了更好地传达气候变化影响并实现行为改变而进行的研究中学到了什么，那就是这非常复杂，学得越多就发现要学的越多。尽管如此，研究表明鉴于这一领域的科学传播研究质量，相当数量的当代气候变化传播是十分复杂的。

10.6 有待提出的研究问题

如果研究人员和从业者为了彼此的利益而更好地工作，则考虑对双方都有利的研究问题类型是有用的。尼斯贝特 & 马科维茨（Nisbet & Markowitz）[21]研究了研究和实践融合的关键领域并特别引用了认知偏见的研究成果，将其描述为有影响力的研究发现，因为其不仅确定了还提出了可能有效地用于克服针对争议性科学的偏见性信息偏好的策略。

争议性的科学技术,例如转基因食品、纳米技术、水力压裂和疫苗接种,一直是许多研究项目的研究对象,这些项目共同改善了目前科学传播的方式,然而,正如尼斯贝特 & 马科维茨（Nisbet & Markowitz）[21]所指,这些领域的许多研究擅长描述科学传播发生的社会环境,但往往缺少从业者希望的直接建议。显然,在取得一些进展的同时,如何利用科学传播研究改进科学传播实践还需要做更多的工作。

美国国家科学院已经召开了一系列会议,将学者和从业人员聚集在一起,专门解决他们之间的分歧。报告（NAS）[18]推荐了一个更有效科学传播的研究议程,并提出还需要在下列领域开展更多的工作,这些都对科学传播从业者和研究人员有所裨益：

（1）要确保评估最适合传播,而不是先参与传播再进行评估；

（2）更好地了解社交媒体的影响——无论是正面还是负面影响；

（3）更好地了解对不同受众最佳的传播方法,以实现特定目标；

（4）了解科学传播者如何以符合科学证据重要性的方式揭穿错误信息；

（5）更好地了解以某种角度呈现信息来影响人们的思考、信仰或行为方式的框架。

其他被确定为需要更多研究来加深对科学传播活动开展方式的了解的具体领域如下：

1. 公共多样性

更好地理解公共多样性是很重要的，多样性中应包括那些对科学不感兴趣的人。太多的科学活动是由人们自主选择参加的，这使数据偏向那些想要参加活动的人。事实上，科学传播者对那些对科学不感兴趣的人知之甚少，相对地，不感兴趣的人对科学传播活动也几乎一无所知[22]。只有更好地了解不同公众参与科学活动的复杂及多样的期望和动机，才能更容易地满足他们的期望[23]。

2. 评估

一些研究者对从业者进行的评估的质量提出了批评，费瑟斯通（Featherstone）等[20]将其描述为通常是为了短期问责而进行的，只为满足资助者对特定活动的需求。相反，学术评估的发现并不能一直适用于从业者，因为研究一般追求长期发现，但是从业者可以从关注有效评估，即关注需要衡量的内容而不是容易衡量的事物的研究中获益良多。例如，要测算参加活动的人数很容易，但这与衡量人们在活动中受到哪些影响或对某个话题的认识或如何理解是不一样的。有效评估的一个挑战是找到一个可以跨越现有的各种科学传播活动的工具，这些传播活动包括公开演讲、辩论、展览、出版物、科学剧场、电视纪录片和由公民主导的项目，然而，研究者有充足的科学传播有效评估模型，从业者应可以选择最适合正在进行的活动的方法。

3. 社交媒体

诸如脸书这样的社交媒体快速变化的性质对研究者和从业者紧跟发展提出了巨大的挑战，同时也要求进行持续的研究以提供最佳实践。一个主要挑战是对社交媒体的研究可能很快就会过时。对试图以高质量的新闻和科学信息来源吸引更大公众参与度的科学传播者来讲，了解社交媒体，例如脸书上的"好友"在培养对新闻报道的关注或为优质信息来源增加受众方面的作用是非常重要的[21]。

4. 信息与受众保持一致

科学家和从业者无法做到始终充分了解受众想要或需要什么来帮助他们理解一个复杂话题。这是因为他们的专业知识和经验让他们过于接近某一问题，以至于无法了解公众对这个问题的看法，因此，深入了解受众的研究有助于从业者开发受众最想要和最需要的信息。

5. 叙事和讲故事

虽然许多研究者认为故事是非常强大的科学传播方式，但很少有人把故事作为创造更有说服力的叙事的一种方式。例如，达尔斯特伦（Dahlstrom）[24]曾将叙事的工作模式描述为使用特定的声音设置冲突、未解决的问题或围绕与科学相关的辩论的紧张感。更好地准确了解在特定情境或环境下的工作原理对研究者和从业者都大有裨益。

6. 娱乐媒体的影响

对大多数人来讲，在完成正规教育后，娱乐和新闻媒体已经成为获取科技信息的主导来源[25]。需要更多关于娱乐业是如何创造或加强人对科学的态度，特别是这类工作很多是通过虚构的叙事框架完成的。

7. 打击误导信息或错误信念

当然，科学政治化并不是什么新鲜事，但近年来，在全球政治和深入理解认知偏见的推动下，"虚假新闻"和误导信息再次获得重视。尼斯贝特＆马科维茨（Nisbet & Markowitz）[21]有下述表述：

  对误导信息、政治化和错误信念的根源再次迸发的兴趣无疑是至少部分受到了有据可查的努力的推动，这些努力在诸如公共卫生、气候变化和环境保护等众多领域破坏了科学的可信度。

  其他研究，例如莱万多夫斯基（Lewandowsky）等[26]揭示了有揭穿错误信息的良好出发点，但考虑不周全，仅凭直觉的努力，通常最终会造成强化错误信念的意外效果[27]。这表明了以良好的研究为基础的科学传播实践的必要性。细节详见方框10.3。

> **方框10.3　传播科学而不是伪科学：来自南非的案例研究**
>
> 玛丽娜·朱伯特和诺万达·马昆加
>
>   能够将科学传播研究理论应用于最佳实践的大多数科学的形式都很重要——但有时，这是个生死攸关的问题，特别是在试图对抗流行的，但不科学不健康的主张时。
>
>   例如，世界上许多人相信那些表面上看起来很科学但缺乏可信证据的做法。当可疑的主张被伪装成可靠的知识时，通常以科学为幌子，这符合"伪科学"的广泛定义。历史悠久的例子包括占星术、顺势疗法、灵气疗法和排毒饮食，至少以目前的科学水平无法显示出任何可信的科学益处。市场上时不时会出现"能量平衡手环""离子足浴"等新型假冒产品。许多人在信仰治疗、通灵术、灵媒、预知未来和迷信面前也会抛开理性和逻辑，这清楚地表明伪科学信仰和做法在发达国家和发展中国家都很普遍。
>
>   所以，从南非的角度看，有什么不同呢？

几百年来,南非人一直将本地植物作为药物来源。关于植物治疗特性的知识代代相传,并保存在民间传说中。传统治疗师是药用植物知识的守护者,但他们复杂多层次的实践也包括大量的动物部分,主要用于让人更强壮、提升运气或驱邪这类伪治疗效果。

在南方许多城乡地区,向传统治疗师寻求帮助深深植根于传统生活方式中,因此这种做法有着重要的历史和文化意义。传统治疗师的一些物品会在路边或非正式市场上出售,但也有治疗师进行现代保健实践并通过网站和社交媒体提供服务。他们的服务和资质大多未经监管。

在当地植物的有益成分得到科学验证的情况下,这些植物被用于开发新产品。不幸的是,循证科学、本土知识体系和传统信仰之间界限的不确定性为伪科学的蓬勃发展提供了机会。

虽然一些传统治疗师为了证明他们治疗的有效性愿意和科学家合作,但假冒治疗师绝对不会这么做。同时,科学家也很难挑战一些伪科学的做法,因为这些做法在当地文化中已经根深蒂固。结果就是,人们继续被伪装成真正草药师的"江湖骗子"所误导,并继续为可疑的治疗付费,以换取承诺的与工作、金钱和爱情有关的问题的解决方法。

当然,对伪科学的依赖并不仅限于生活在农村地区的穷人。对伪科学的依赖如何导致死亡的最具破坏性的例子之一是南非第二任民选总统塔博·姆贝基的艾滋病否认主义,破坏性在2000年左右达到顶峰。姆贝基质疑艾滋病毒/艾滋病的科学性和是否存在导致这种疾病的病毒。作为姆贝基的盟友,卫生部长曼通巴扎纳·察巴拉拉-姆西芒博士通过媒体推广了多种未经测试的疗法,坚持将一种大蒜、甜菜根和柠檬的混合物作为抗击艾滋病毒/艾滋病的武器。据估计,南非在实施抗逆转录方案上的拖延导致了33万余人的死亡,同时,还有3万5千名艾滋病毒阳性的婴儿出生。

即使是今天,公共卫生部门已经提供了抗逆转录疗法,但围绕艾滋病毒/艾滋病的潜在治疗方法的伪科学信仰和健康骗局继续盛行。在夸祖鲁-纳塔尔地区,一种叫作 uBhejane 的混合物作为艾滋病毒/艾滋病的治疗滋补品广为流行。人们认为它的流行与对所谓"白色"药物的根深蒂固的怀疑有关。"人们非常绝望,希望以一种在其他环境中可能不正确的方式来相信传统医学",南非流行病学家和传染病专家萨利姆·阿卜杜尔-卡里姆教授如是说。"我们发现 uBhejane 来自一个失业司机。他将瓶子里装满有颜色的水,然后把它当作治疗艾滋病毒的药物出售。"

此外,一直存在的神话,即艾滋病毒呈阳性的人可以通过与处女发生性关系来净化甚至治愈疾病,这导致了强奸女婴这样令人心碎的后果。当人们无法接触现代医学时,这些悲剧性事件可能会增加。

虽然一些草药师可以凭借自身对植物药用特性的知识来帮助他们的客户,但对草药错误的信仰可能会带来致命的后果。在2012年8月16日马里卡纳大屠杀中,34名罢工矿工被警察开枪打死。据报道,这些矿工相信他们携带的木提(muthi)——一种

> 由草药师准备的植物性或动物性物质，被认为有治疗、净化、强化和保护功能——能让他们在子弹面前立于不败之地。
>
> 由于与传统医疗和民间传说结合紧密，南非人以多种方式依赖伪科学已经引起了关注。虽然科学家可能认为抗击这类误导信息是一种集体责任，但证据显示将这种做法打上"有害的"或"不科学的"的标签并不能真正改变人们的态度。此外，还需要更好地了解对当地社会文化动态有敏感性的复杂挑战。这意味着，实际上，科学传播解决方案需要以在受影响地区进行的研究为基础，在其他国家开发的研究理论很少能在不经本土改造之前被引入。

8. 伦理

和研究伦理学不同，进行和科学传播相关的伦理问题的研究也是研究者日益感兴趣的领域。目前正在研究的大量主题包括了炒作科学故事以获得媒体报道的伦理问题，决定推广或不推广哪些科学故事及如何以不偏向数据的方式使用框架和叙事。一些研究者呼吁科学传播者制定道德规范，但也指出科学传播作为一个源自多领域的学科，现有的新闻学、社会科学或其他科学的伦理模式并不能完全兼容。在明确最有利于科学传播的伦理学或伦理学模型类型之前，可能需要在这一领域进行更多的研究和讨论。

此外，在科学传播研究方面，一些相关问题还没有充分提出。其中包括可重复性问题，还涉及单次研究被视为黄金标准的问题，以及存在偏向发现结果的实验而不是那些没有结果的实验问题。这些研究在发表时没有遇到太大的麻烦（参见方框10.4）。

方框 10.4　尚未充分提出的研究问题

在 2015 年可重复性项目对心理学研究进行大型研究时，或许应该对科学传播研究中的可重复性课题提出更多问题。该项目涉及超过 270 名心理学研究者，试图重现自 2008 年以来的 100 项关键研究发现[28]。

该项目发现只有 1/3 的研究发现可以复制。这使其他领域的研究人员开始研究复制其他关键研究，类似地，许多社会科学研究的可重复性不高。

在科学传播领域，一篇关于认知偏见的高引用量的论文也得到了类似的结果。伍德和波特（Wood & Porter）[29]复制了奈恩 & 雷夫勒（Nyhan & Reifler）[27]的论文，该论文发现：如果人们的信念被证明是不正确的，它反而会加深人们对错误信息的信任。这被称为"逆火"原则。伍德和波特将样本量从原有的 327 名本科生扩大到 10100 名，和奈恩 & 雷夫勒（Nyhan & Reifler）[27]研究程序一样：他们先给受试者由美国政治人物提出的误导性声明，然后给出更正后的声明。他们发现在更正的 36 个话题中，只有 1 个产生了"逆火"效应。这是关于是否存在大规模杀伤性武器的声明。

当然，在不同时间与不同受众进行的不同研究会在一定程度上得到不同的结果，但考虑到几乎没有动力去重复大多数社会科学或科学传播研究的事实，研究者和从业者也许需要认真思考单个研究进行跨时代和跨文化映射的效果如何并在广泛推断任何单一研究的结果时要更加谨慎。

10.7 结论：如何为彼此的利益而努力

本章对科学传播研究提供了一些见解。本章的要点包括科学传播大致可分为两个群体：从业者和研究者。对于两个群体的代表来讲，建立一个研究项目将遵循从制定研究目标和研究问题到书面呈现研究结果的相同步骤。开展研究的主要方法包括定性和定量数据收集，借助调查、访谈、焦点小组和案例研究等主要手段。如今，对研究伦理的更多关注是每项研究不可或缺的一部分。

最后，在概述科学传播研究的完成方式时对研究与实践的差异进行了审视。有人认为，如果研究更侧重于辅助实践（并且实践更侧重于帮助研究），则这两个群体都会越发受益。当然，并不是所有的研究都需要有利于实践，也不是所有的实践都需要有益于研究，但两者之间更紧密的合作最终将使两者受益。

参 考 文 献

请扫描下方二维码获取参考文献。